JN169714

出光佐三

人を動かす100の言葉

プレジデント書籍編集部 編

プレジデント社

出光佐三
（いでみつさぞう）

明治十八年（1885）年、福岡県宗像郡赤間村に生まれる。明治三十八年（1905）年、神戸高等商業学校（現、神戸大学）に入学。明治四十二年（1909）年、同校卒業、酒井商会に入店。明治四十四（1911）年、独立後、門司市に出光商会を創業。昭和十五（1940）年、出光興産株式会社を設立。昭和二十八（1953）年、日章丸二世のイラン回航を決断し、石油を輸入。アングロ・イラニアン会社が提訴したが出光興産側の勝訴が決定する（日章丸事件）。昭和四十七（1972）年、出光興産の会長を退き、店主専任に。昭和五十六（1981）年逝去、享年九十七歳。

※本書は、『評伝 出光佐三——士魂商才の軌跡』〈高倉秀二・著。平成二（1990）年小社刊〉より抜粋、一部改稿のうえ編集したものです。また、本書の一部に差別用語が含まれていますが、原書の表記に従って統一してあります。

第1章 気概 …… 15

1

愚痴をやめよ。今から建設にかかれ。

2

原子爆弾投下は凶暴なる悪魔の大虐殺であり、これを無辜《むこ》の市民に無警告に用うるにいたっては、人類の仇敵として一日も許すべきではない。

3

出光の事業そのものは近く消え失せる運命にある。

4

事業は飛び、借金は残ったが、出光には海外に八百名の人材がいる。人間尊重の出光は終戦に慌てて馘首《かくしゅ》してはならぬ。

5

会社がいよいよだめになりゃ、その時はぼくはみんなといっしょに乞食するまでだ。

6

南方から引き揚げてくる社員の為に、この古唐津とも別れよう。

7

事業というものは、計画発案した者が責任を持ってやらねば、魂が入らん。

8

出光は新発足致し居り候間、是非参加の決心せられたく候。

9

海外から引き揚げてきた多数の人は完全に収容されて、今や人手不足の有様である。

37

外油会社はいまこそ専売制に
反対していますが、彼らも商人です。
満州は有望な市場ですから、
そう簡単に見捨てるはずはありません。

38

外油会社に挑戦するつもりはない。
ただし、圧迫的な態度に出るのであれば、
地の利を利用して対抗する。

39

もし、あなた方が
計画されているようなことが
実際に強行されますと、
将来、米国と戦争を
引き起こすことになりますぞ。

40

私が大華石油の
株主になるかどうかは、
あなた方にお任せいたします。

41

ライオンでも鼻の中に蚊が一匹入ったら、
くしゃみくらいしますよ。

42

私は運に恵まれた。

43

あなたの言われたことが事実なら、
私は肚を切ってもいい。
しかし、それは根も葉もない
中傷というものです。

44

無償をもって国家に奉仕したい。

45

株式会社は資本主義の
最もずるい形態であり、
責任分散の方法であり、
寄合所帯であります。

46

出光商会の主義の第一は
人間尊重であり、
第二も人、第三も人である。

47

ただ声の大きいのだったら、
私のほうが大きい。

48

出光の計画の最後の
来るべきものが来るのである。
国家のお役に立つ時が来たのである。

49

悲観すべきではなく
猛進すべきである。
狼狽すべきではなく
自信を有すべきである。

50

私ならやれます。
予定されている人員の十分の一の
二百五十名で充分です。

51

お前たちは黙っとれ。
後はおれが引き受ける。

52

不退転の信念と超越せる
経験とを活かして、
国家に奉公の誠を致せ。

53

世の批評や一出光の立場の如き
顧みる必要なし。
咲くも花、散るも花、
只桜花として朗らかに終始せよ。

54

彼ら(中国出光興産北京支店の重役)には、
まだ真剣さが欠けている。
身を捨ててかかる気迫が足りないのだ。

55

無用の統制、
トンネル会社を作られることは、
絶対に阻止せよ。

78

国際法上も商道徳上も、
問題はもはやなにもない。
どこに憶すべきことがあるか。

79

イランの石油買い付けは、
国際的にも国内的にも公正な取引であり、
英国政府の干渉する筋合いではない。

80

日本国民の一人として
俯仰《ふぎょう》天地に愧《は》じない行動をもって
終始することを、
裁判長にお誓いいたします。

81

歴史的にして
画期的な取引を完遂し、
欣快《きんかい》に堪えず。

82

日本の青年は
真剣に何ものかをさがしつつある。
そのことを知ったのは、
イラン石油の輸入でつかんだ大儲けである。

83

諸君は本末を転倒して
徳山の製油所建設が
事業の目的のように錯覚を
起こしているのではないか。

84

私は油を買いに来たのではない。
あなたのほうで
日本に希望することがあったら、
なんでも言ってもらいたい。
私はそれを聞きに来たのだ。

85

私に言わせれば、
あなた方の民主主義はニセモノである。

86

日本の政府当局も国民も、
アメリカの外資というものは
日本人を搾取するものだ、
というふうに受け取っておる。

87

徳山製油所は十カ月で完成させよ。

88

この徳山製油所を通じて、
外国人は日本および
日本人の真の姿を見つつある。

89

東西両陣営は
お互いに理解し合うべきだし、
手を結ぶ方法のあることを
日本の市場を通じて示すことが、
私の取引の真の目的である。

90

諸君は全員立派な最後を遂げ、
この厳粛なる事実をもって
われわれ出光人の尊い悟りの道へ
導かんとしているのではありませぬか。

91

日本人の経営するドックで、
日本の材料で、
日本人の技術で、
外国のにおいがしない船を造りたい。

92

当社が石油連盟を脱退したのは、
単純な不満からではない。
その根本はもっと深いところにある。

93

あなたは子供にものを言うような
分かりきったことを、
私に言うんですか。

94

石油業法の運用に当たっては、
とくに消費者保護の観点を
重視すべきである。

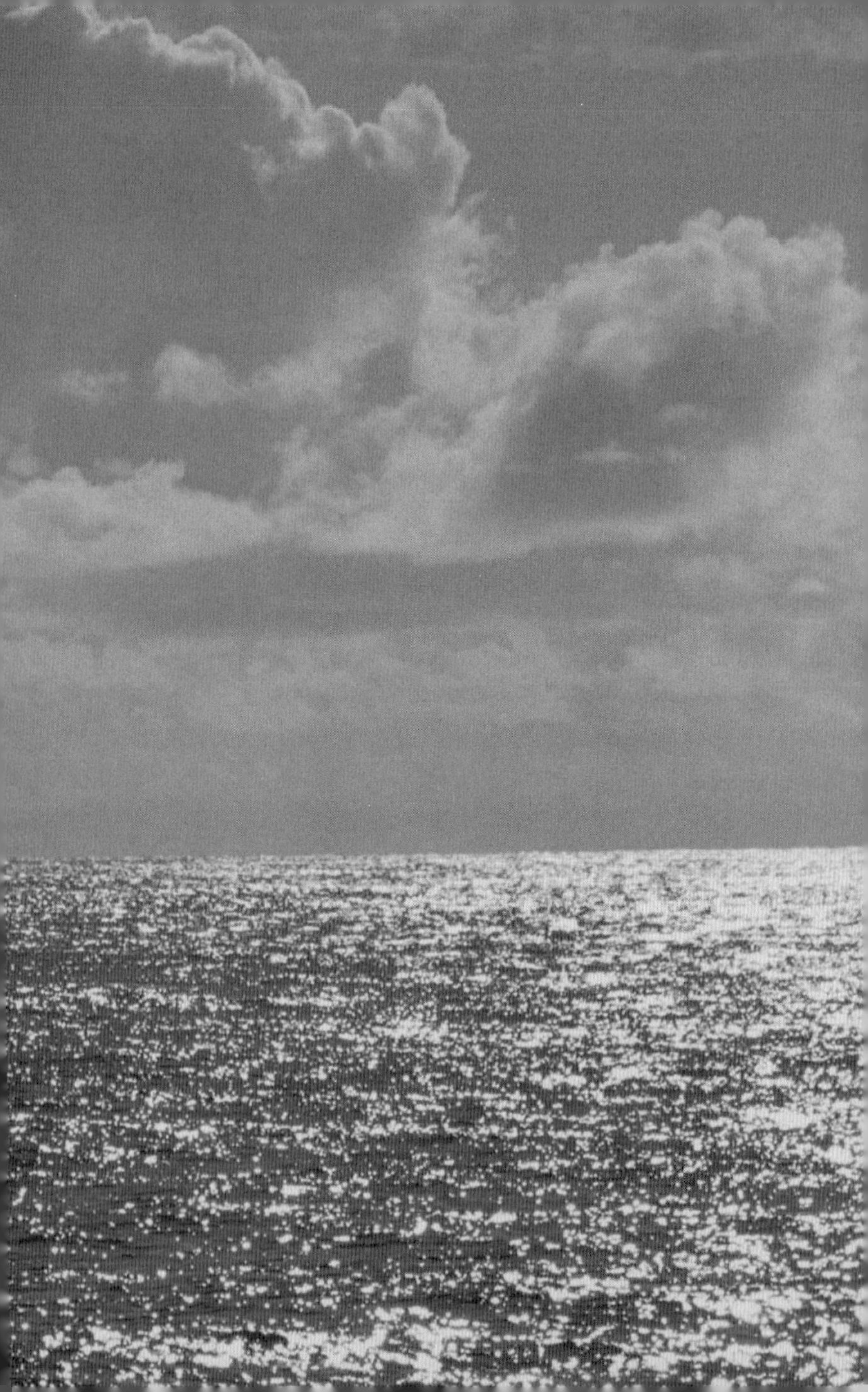

第1章
気概

出光佐三
魂の言葉
1

愚痴をやめよ。
今から建設にかかれ。

昭和二十（１９４５）年八月十五日、出光佐三は栃木県松田に疎開中の家族を訪問していた。正午、玉音を拝すもラジオの不調のため趣旨はわからなかった。解説によりようやく終戦の事実を知る。涙も出ず、言葉もなかった。帰京する途中、戦災者に対する思いは尽きなかった。

十七日、社員一同を集め、訓示を与えた。「死に勝る苦しみを覚悟せよ。戦う日本人の姿、掌《たなごころ》を返したるがごとき平和の日本人の姿、これが日本の真の姿であり、大国民の襟度《きんど》である。世界は再び驚倒するであろう。戦争よりさらに苛烈なるものが前途に横たわっているのであるから、明日と言わず今からすぐに建設に力をいたすべきである」――終戦の日から、わずか二日後のことである。

国民はおしなべて敗戦の衝撃に打ちのめされ、民族の歴史や伝統に対する誇りも自信も失ってしまった、まさにその時であった。連合国軍の日本占領は、目前に迫っていた。そのような状況下で誰が、かかる訓示をなし得たであろうか。

原子爆弾投下は凶暴なる
悪魔の大虐殺であり、
これを無辜《むこ》の市民に無警告に
用うるにいたっては、
人類の仇敵として一日も許すべきでない。

終戦当時、このような論難を加えることは自殺行為に等しかった。人々は先行きどうなるか分からぬ不安と恐怖におののき、とりわけ各界の指導者たちは誰も、自分に不利になるような証拠物件をことごとく湮滅《いんめつ》し、固く口を閉ざしていた時である。

出光佐三はむろん、それがどんなに危険なことか知らぬはずはなかった。ところが、彼は後でこの「訓示」の内容を原稿にしたため、あまつさえこれに「玉音を拝して」という表題をつけてガリ版刷りにし、全社員に配布した。

人々は狂気の沙汰とみた。知人や友人たちは、彼の身を案じて忠告した。だが、佐三はそれらを好意として受け取りながら、なにも手を打たなかった。

「言うべきことを言い、書くべきことを書いたにすぎない。正しい意見をのべているのに、なに故、卑屈にならねばならないのか」――それが佐三の言い分である。佐三はガリ版刷りを回収も焼き捨てもしなかった。

出光の事業そのものは
近く消え失せる運命にある。

終戦直後、出光の事業は、文字どおり「消え失せる運命」にあった。明治末の創業以来三十四年余、主として朝鮮、満州、中国大陸、南方地域等の海外市場に営々と築きあげてきた経営活動の舞台と資産は、日本の敗戦と共に跡形もなく吹き飛んでしまっていた。国内のわずかな石油供給業務は、戦時中から統制会社に吸収されたままである。

後に残されたものといえば、海外の事業に投資した二百数十万円の借金だけであった。それと約一千名の社員、そのうち約八百名は海外にいて、まだ生死のほども分からなかった。

出光佐三は「今からすぐに建設に力をいたすべきである」と言ったが、事業再建の手掛かりはどこにもなく、他の重役も社員たちも、もはや出光の命運もこれまでと覚悟を決めていた。

事業は飛び、借金は残ったが、
出光には海外に八百名の人材がいる。
人間尊重の出光は終戦に慌てて
馘首《かくしゅ》してはならぬ。

重役たちの頭には、もう会社の解散か、思い切った人員整理のことしかなかったので出光佐三のこの言葉に驚いた。確かに、出光では明治末の創業以来、会社がどんな苦境に追い込まれた時にも、馘首がなかった。べつだん、そんな約束や規則があるわけではないが、「馘首がない」ということは不文律の社是となり、すでに社風の一つになっていた。

だが、この時はまったく事情が違う。日本は戦争に敗れ、石油はGHQによって戦後ただちに戦略物資に指定され、石油産業は生産から流通、消費にいたるまで厳しい統制と監視のもとに置かれた。わが国の産業経済も国民生活も、長い戦争と戦災によって破壊され、混乱と危機の真っただなかにあった。

馘首はしないと明言した佐三に、重役たちは反対の声を挙げた。「このばかが！君たち、社員をなんと思っとるのか。誰もためらわんで命を的に海外に出ていってくれた。それはみんながぼくと会社を信頼していてくれたからじゃ。いま、店員たちを見捨てることができるか！」——佐三は烈火のように怒った。

出光佐三
魂の言葉
5

会社がいよいよだめになりゃ、
その時はぼくはみんなといっしょに
乞食するまでだ。

店員の解雇に関する重役会はもめにもめた。しかし出光佐三は一人たりとも馘首しないという信念を曲げなかった。事業再建の見通しがあって言ったわけではない。合理的熟考の結果でなくして即興の直感であり、心の底に潜在している人の力に対する信頼感が言わしめたのである。

「みんなといっしょに乞食する」という一言が、重役たちの心を電光のように強く打ち、彼らの口を封じた。おそらく二十数年前、震災恐慌に際会して出光商会が苦境にあった時、出資者である日田重太郎が「出光となら乞食してもよい」と言った信頼の言葉が、佐三の心の底に深く刻み込まれていたからに違いなかった。

だが、それで、事態はなに一つ改善されるわけでも、経営の活路が開けるわけでもなかった。出光は依然、「消え失せる運命」にあった。

南方から引き揚げて来る社員の為に、
この古唐津とも別れよう。

「出光佐三自殺説」が流れたのは、終戦後一カ月ほど経ったころのことである。佐三の「馘首してはならぬ」という言明を知った同業者たちの陰口から流れた噂だった。

同盟通信社の記者が真偽を確かめに出光本社に赴くと、佐三の姿があり、大切にしていた古唐津の茶器を手放そうとしていた。「私は出光人はなんと幸福だろうと考えた。自分の事を考える人の多い時代に、社員の為に最愛の茶器まで手放す決心をしているのであった」……。

そのころ佐三の心を支配していたのは、外地にいる社員の労苦や安否である。ほうぼう手を打ったが、まだ消息さえ分からなかった。彼らの労苦を思うと、断腸の思いがした。自殺どころではなかった。

この時、数え年の六十一歳。いわゆる還暦である。ふたたび生まれた時の干支《えと》に還ったわけだが、彼も出光興産も丸裸になり、ゼロから再出発しなければならなかった。「人間しばらく眠るもよいと思う。ただし活眼を開いて眠っていよと言う」――そう言って、時機の到来を待った。

出光佐三
魂の言葉
7

事業というものは、
計画発案した者が
責任を持ってやらねば、
魂が入らん。

終戦の年もようやく暮れようというころ、出光に思いがけない仕事が持ち込まれた。ラジオの修理販売業である。ＧＨＱは、日本政府に放送施設の整備とラジオ受信機の普及を命じた。戦前、わが国のラジオ総数は約八百万台にのぼっていたが、その半分が戦火で焼失し、残り半分のうち聞こえるのは約二百万台といわれた。これを一年以内に八百万台にもどせ、と指示したのである。

元海軍大佐の長井弘介は、無線技術を持っている旧海軍の部下を集めて修理にあたろうと考えたが、販売や経営は無経験であったため、旧知の出光佐三に話を持ち込んだ。

佐三は「それはよろしい。大地域小売業の理念にも合っておる。しかし、君の計画の五十店では少ない。全国に三百店設置する計画でやれ」――長井は驚いた。その場で出光興産の部長役を任じられ、事業資金の調達のため銀行を回った。こうして出光興産ラジオ部が発足した。

出光は新発足致し居り候間、
是非参加の決心せられたく候。

昭和二十一（１９４６）年ころから、南方派遣要員が続々と帰還した。石田正實と江藤猛は、駆逐艦『神風』で浦賀沖に着いた。有楽町の駅頭に降り立つと、駅の周辺には、バラックやテントの店が祭りの屋台のように立ち並び、群衆の間を「リンゴの歌」が流れていた。変わり果てた街の姿が、彼らの胸を締めつけた。三原橋の向こうに、出光館の金文字が太陽に照り輝いているのを見た瞬間、二人はもう駆け出していた。

出光本社三階奥の社長室のドアを開くと、出光佐三の元気な姿があった。お互いに顔を合わせると、どちらからともなく小走りに駆け寄り、肩を抱き合った。「私どもは店主から与えられた使命を完全に果たしてきました」――石田の言葉が佐三の心を激しく打った。

また帰還後、家郷に待機している社員を佐三は訪ね、あるいは手紙を書き送って労をねぎらい、激励した。愛媛・松山にいた村上義明が受け取ったのは、二メートルに達する巻紙であった。その手紙の中の一文である。村上は翻然《はんぜん》として目覚め、出光にとどまることを決意した。

出光佐三
魂の言葉
9

海外から引き揚げてきた
多数の人は完全に収容されて、
今や人手不足の有様である。

出光は昭和二十一（1946）年から印刷業にも乗り出した。むろん、海外から引き揚げてきた社員たちを就業させるためである。映画のポスターから小説本、医学書、学習大辞典等、なんでも手掛け、従業員数も八十名を突破した。

ラジオ部の事業も軌道に乗り始めた。店舗も次第に増加し、北海道から鹿児島まで全国の主要地点に約五十の店舗網を張った。ラジオ部は電気部と改称され、無線機の製造販売から無線基地の建設工事、電灯工事にまで手を広げた。

出光佐三はこうして次々に新規事業を開拓し、海外から引き揚げてきた社員たちを温かく迎え入れて、彼らに仕事を与えていったのである。「まったく人間尊重より来たる自力更生であり、人間中心によるめざましい再建である」――戦後の荒廃と危機状況のなかで海外の支店、出張所から引き揚げてみると、もう本社にもどこにも自分の座る椅子はなくなっていたという時代のことである。

出光佐三
魂の言葉
10

廃油を活用することは、
社会的にも必要な事業であり、
いかに困難でも誰かがやらねばならぬ。

終戦直後、わが国の石油貯蔵は底をついていた。ＧＨＱは、わが国の原油輸入を禁止してしまった。ＧＨＱの参謀第四部に属するアンドレー・チャンは、政府当局に対して、各地に放置されている旧海軍の石油タンクの残滓油（スラッジ）を活用するよう命じた。たしかに軍が使い果たした空のタンクの底のほうに残滓油がたまっているが、とても人力で汲み出せるような代物ではない。帝国海軍も断念していた。石油配給統制会社（石統）もこの作業の委託を断った。しかし出光佐三は引き受けた。

佐三は、早速、社員を現地に派遣し、調査に取りかかった。その結果、ほとんど機械の利用は不可能で、人力に頼るほかないことが分かった。

それぞれの家郷に待機していた社員は、本社からの呼び出しを受け、北海道の厚岸《あっけし》、青森の大湊、横浜、四日市、舞鶴、呉、徳山、佐世保等八つの旧海軍燃料基地に配属された。

難事業こそ、
彼ら（出光社員）をして
どんな苦難にも耐え抜く
強い精神力と実行力とを
養わせることになるであろう。

底油集積作業は、予想以上に困難をきわめた。ポンプは使いものにならない。人がなかに入って汲み出すほかないが、タンク内は鼻をつく悪臭がただよい、窒息やガス爆発の危険もあった。雇った作業員は尻込みし、出光興産の社員が作業に当たった。

彼らは、敢然とタンク底に挑んだ。パンツ一枚の身体にロープをまといつけ、サーカスもどきにガスの充満したタンクの底まで吊り下げてもらう。泥と油がまじった中にどっぷり身を浸し、検収瓶に収めて、また仲間の手で引き上げられるのだが、上がって来たときはまるで漆の壺から抜け出したよう。どす黒い油泥をしたたらせた真っ黒なやつが、手にはしっかり瓶を握りながら、口許に微笑を浮かべている。重マスクの下でも一時間と続かぬ重労働であった。

集積した油は約二万リットル。この難事業は出光に七百五十万円の赤字を残したが、社員たちは「タンク底に帰れ」を合言葉にした。それは戦後、出光が驚異の発展を遂げる原動力になる。

二度もパージ（公職追放）に
かけられたのは、
ぼくぐらいなもんだろう。

昭和二十一（1946）年、GHQによる覚書「公職追放」指令（パージ）が、わが国の政財界はじめ各界の旧指導者たちに大きな衝撃を与えた。「追放」該当者の範囲は公官吏や中央議会、地方議会の議員だけでなく、特定の会社、言論・報道機関の役職者にまでおよび、該当者数は二十一万人にも達した。その中に出光佐三の名もあった。

佐三は納得せず、GHQと政府当局に再三、抗議書を提出し、再審査を求めた。「米国は無実の者までパージにかけるのか。それは君らの言う正義人道に相反することであり、自分の顔に泥を塗るようなものではないか」——いったんは佐三の「追放」指定は解除された。

ところが、翌二十二（1947）年、ふたたび内閣総理大臣名をもって「追放」指定を受ける。いわゆる「メモパージ」だ。佐三は再び抗議したが、今度は解除されず、貴族院から「覚書該当者」として議員の資格が消滅した旨の通知を受けた。この「追放」が解除されたのは、昭和二十六（1951）年だった。

第2章 人間尊重

どんな時でも、
数字を離したことはない。

明治三十四（1901）年の春、出光佐三は福岡商業学校の第二回生として校門をくぐった。数えで十七歳の時である。

体を鍛えねばならぬと考え、短艇（ボート）部に入った。波の荒い玄界灘は、若者の肉体と意志を鍛錬する絶好の競技場だった。

学業のほうはあまり精を出しているようには見えなかったが、成績はいつも首位を争うほどだった。

数学が特に優れていて、代数に至っては先生が解けない問題を解明したことがあったくらいである。

後に神戸高商（現、神戸大学）を受験することになるが、その際など、未修の幾何学を三カ月足らずで独習してしまったというから、よほど数学は得意であったのだろう。

一見、冒険的とも思える決断、企業活動の裏には常に緻密な計算があり、それはおそらく佐三の非凡な商才と共に天賦の資質だった。

家族主義が
本当に人間を育てる道だ、
ということを
実地に教わった。

明治三十八（１９０５）年三月、出光佐三は神戸高商の入学試験に合格した。「平凡偉大な人格者」と言われた、神戸高商、初代校長の水島銕也《てつや》は佐三に大きな影響を与えた。

水島は、社会主義者や無政府主義者たちが家族主義道徳の破壊を唱えはじめた時代にあっても、家族主義を固く信じ、若い教授たちを率いて、それを不言実行した。自己の信念として、身をもって実行したのだ。そのような彼の人格が、学生たちに感化を与えぬはずがなかった。

幼少年期、「美しい家庭」に育った佐三が、遠く異郷に学んで、水島の厳しくも温情あふれる人格に触れたことは、彼の家族主義に対する確信をいっそう深めさせることになった。それはやがて、「大家族主義」として事業経営の基底に根を下ろし、「人間尊重」の信念と一体化して独自な経営理念の枝葉を広げていくことになる。

出光佐三
魂の言葉
15

金持ちがなにか！
金さえあれば、
金さえ儲ければという考えは、
奴隷根性にすぎん。

出光佐三は神戸高商在学中、将来、外交官になる意志を固めていた。ところが父の藤六に、「外交官がどげなもんか、知っとるのか。おまえが考えとるほど、甘うなかぞ。外交官といやぁ、ちょっと派手に見ゆるが、自分の思うごと仕事のできるわけじゃなか。男と生まれたからにゃ、独立して自分ちゅうもんを立て通さにゃいかん。それには、商人が一番じゃ」とたしなめられる。

「しかし、商人も金銭の支配をまぬがれないではないか。そこにどんな人間らしい尊厳とか使命があるというのか」と、佐三の内には懐疑やら反感が、澱《おり》のようによどんでいた。

当時、日本の産業経済界は、日露戦争の戦勝ブームに沸き、投機熱に浮かされ、株成金や軍需成金が大手をふってのし歩いていた。

「黄金の奴隷たる勿れ《なか》」は、学友たちの合言葉になった。それは時流に反抗しようとする青年の純粋な情熱の表現であり、また自戒の言葉であった。

出光佐三
魂の言葉
16

生産者より消費者へ。

「商人の社会的な存在理由は、いったいどこにあるのか。商人の目的を営利以外に求めるとすれば、それはなにか」――出光佐三の内に沸いた素朴で根本の疑問は、彼をとらえて離さなかった。しかし神戸高商で配給論の講座を受け持つ内池廉吉教授のスピーチが、佐三にとっての、真の商人の道をぱっと照らしだした。

経済が発達し、世の中が進歩するに従って、従来の投機や商略によってぼろ儲けする冒険的商人や、買い占めや売り惜しみで人為的に価格を動かして不当な利益をむさぼるような中間搾取的な問屋商人は衰退する。しかし、生産と消費とを媒介する役割を持つ商人は、経済的にも社会的にも不可欠であり、今後も永久に存在し続ける。これこそ商人の真の社会的存在理由だ！　――佐三の心にかかっていた迷いの深い霧がさっと吹き払われた。

彼はそれを商人の使命観として心の底に刻みつけた。やがて商人の道を歩み出した時、「生産者より消費者へ」という短い言葉に要約して営業の根本方針とし、「大地域小売業」という独特な販売体制を具現していくことになる。

大事をなしとげるためには、
小さなことから始めなければならぬ。

出光佐三は神戸高商を卒業すると、すぐ神戸・鍛治屋町の酒井商会に丁稚として入店した。驚いたのは、彼の同期生や先輩たちである。

当時、神戸高商といえば、東京高商と並ぶ名門校である。卒業生はビジネス・エリートとして将来を嘱望され、一流の銀行や商社から双手を挙げて迎えられた。彼の同級生たちも、ほとんどそんなところを選んで、新しいスタートを切っていた。ところが、佐三が選んだ酒井商会は小麦粉と機械油を扱っていた小さな個人商店である。店主の酒井賀一郎が、また「努力奮闘型」の典型的人物で、店員に率先して仕事の虫のように働く。それを見た佐三は、個人経営の労苦、むずかしさを骨の髄《ずい》まで知らされた。

五カ月たち半年も過ぎるころになると、仕事のつらさが骨身にこたえてきた。みずから選んだ道であり、覚悟はしていたが、これほどつらいものとは想像していなかった。「これくらいの困難やつらさのために中途で挫折したならば、ついにはなにごとにも敗北する。いま、自分にとって最も必要なことは、実社会の経験であり、仕事の基礎だ」――佐三はみずからを叱咤し、歯を食いしばった。

私が独立したのは、
家が破産したからです。

個人商店であった酒井商会に入店後二年もたったころには、出光佐三はもう一人前の店員として扱われるようになっていた。小麦粉の販売拡張のため台湾出張を命ぜられたのも、このころのことである。

当時、台湾市場では、三井物産と酒井商会とが小麦粉の売り込み競争で鎬《しのぎ》を削っていた。まだ三十歳にも満たない駆け出しの佐三にとって、三井物産相手の売り込みは大役に違いなかった。だが、彼はそれだけに張り合いを感じた。

台湾からの帰途、久しぶりに郷里の赤間に立ち寄ったが、意外な事実が彼を驚かせた。懐かしい家は、表戸が下り雨戸も閉まり、玄関の柱には、看板の外された跡が残っていて、家のなかもひっそりしている。表戸をたたいたが、なにも返事がなかった。

家業は破産し、母と末弟は、赤間から汽車で一時間足らずの戸畑にある、間口一間の裏長屋で暮らしていた。このまま自分が月給取りをしていたのでは、両親や弟妹を養うことは難しい。このうえは一日も早く独立し、自分の店を持つ以外に親を安心させる道はない――しかし、独立の意志はまだ実現の手掛かりさえなかった。

よし、このみんながだめだ、
やめよという機械油をやってみよう。
かならず、やりとげてみせる。

出光佐三の独立資金を援助したのは、学生時代から昵懇《じっこん》にしていた日田重太郎である。彼の非凡を見抜いていた日田は、なにか助力したいとかねてから考えていたのだ。当初は、それは他人の好意にいささか甘えすぎていないだろうかと迷った佐三だったが、人に与えて報いを求めぬ日田の陰徳に感動し、「みんな仲よく、そして初心を貫け！」という日田の言葉を胸に、神戸を発ち独立の第一歩を踏み出すことになる。

佐三は明治四十四（1911）年六月二十日、門司市東本町一丁目の一角に店舗を設けて「出光商会」の看板を掲げ、日石の特約店として機械油販売に乗り出した。時に数えの二十七歳である。正面鴨居には神戸高商の恩師、水島銕也校長から贈られた「士魂商才」と墨痕《ぼっこん》鮮やかな横額がかかっていた。

佐三が機械油を扱うと言うと、誰もが反対した。世を挙げて急激な電化時代を迎えていた。それらの転換は機械油の需要を一時的に減少させていた。

しかし佐三は、それは過渡期的な現象で、やがて鉱工業の発達と共に回復し、さらに拡大するようになる、難路こそ、自分の心と技を鍛える格好の道と考えた。

学校を出て、
この商売やっちゃならんという
道理がありますか。

出光佐三が機械油販売のため、まず足を踏み入れたのは、筑豊鉱業地帯である。毎朝、門司発六時の一番電車に乗り込んで炭鉱通いを続けた。左手に見本瓶の入った籠《かご》、右手に日よけのこうもり傘、腰に弁当といった格好である。汗っかきの彼は、両手をふさがれて顔を拭くのもままならない。汗で眼鏡《めがね》が曇る。

だが注文はさっぱり取れなかった。行く先々で、体よく断られる。時には、さんざんからかわれたり、いや味を言われたあげく、追い返されることもあった。

三菱鉱業所に行った時のことである。のちに三菱重工の社長になった郷古潔が、同署の庶務課長をしていた時分。佐三が直接、交渉に当たったのは、郷古ではなく、彼の下にいるたたきあげの年取った購買係であった。

この購買係は日ごろから学校出に対するひがみや反感を持っていた。「油の小売りなんかやるのに、なんで学校なんか出にゃいかんのか」――そこで言い返した佐三の言葉である。相手が妙な因縁をつけたり、筋の通らぬことを言うと、彼はじっとがまんしておれぬたちである。癇に障ると、商売のことも損得も度外視してしまう癖があった。

出光佐三
魂の言葉
21

ぼくは海上じゃ売っとりますが、
下関じゃ売っとりません。
海上のどこに門司と下関の
境界線が引いてありますか。

新しく大正時代が幕を開けたころ、発動機船が全国的に普及しつつあった。小さな漁家も、発動機船を使い始めていた。当時、それらの発動機船は、一般に高価なガソリンか灯油を燃料油として使っていた。値段の安い軽油を使ってもべつに遜色があるわけではなく、熱効率という点では、むしろ軽油のほうが優れている。出光佐三はそこに着目した。

軽油は当初、油の色が悪い、臭《くさ》いと敬遠された。それでも、彼は根気よく説得して回り、ガソリン、灯油を軽油に転換していく。さらに日石と交渉し、倉庫に眠っていた未洗軽油を買い取り、漁船用燃料として安い値段で供給した。

こうして燃料費を大幅に節約させ、漁業家に少なからず利益を与えた。もちろん、それは出光の発展にも寄与した。その目覚ましい進出ぶりは、同業者から〝出光海賊〟の異名を与えられるほどであった。

日石の下関販売店長に呼ばれ、「君は下関でも油を売っとるそうじゃないか。君の販売区域は門司じゃなかったか。下関の特約店がかんかんに怒っとる。下関から手を引きたまえ」と忠告されたことがある。それに対する佐三の言葉である。

出光佐三
魂の言葉
22

法規どおりの桝《ます》があったって、
正確に計れなきゃ、
しょうがないじゃないですか。

出光佐三は弟の弘と協力して、画期的な漁船用燃料油の供給方法を考案した。計量器付き給油船の建造によって、燃料油の中味海上給油を実施したのだ。従来は燃料油を缶入りのまま漁船に渡していたが、缶は海水を浴びて、すぐ腐食してしまう。そこで給油船にタンクを備えつけ、このタンクから直接ポンプで漁船に給油したのである。

彼ら兄弟の創案は中味給油を実現するために、動揺の激しい海上の給油船内で給油量を正しく軽量することのできる独特の計量器を考え出し組み込んだことにあった。

給油船が、海上の中味給油に威力を発揮し始めると、門司市役所から計量器法違反だと横槍が入った。しかし、佐三はそのまま引き退《さ》がったりはしない。計量器制作が営利を目的としたものではなく、計量そのものの正確さを期そうとしたものであり、需要家の利益にもなるということで、結局、市役所当局も黙認するほかなかった。

間もなく計量器付き給油船は、全国的に普及し始めた。特許権でも取っておけば、相当の特許料が懐に入ったであろうが、佐三はそんな小さな利益にこだわるような男ではなかった。

出光佐三
魂の言葉
23

新しい店員が入ってきたときには、
自分の子供が生まれ
弟ができた心持ちであった。

漁船用燃料油の販路が広がるに従って、出光商会の店員も次第に増え始めた。とはいえ、入店してくるのは、ほとんど小学校を出たばかりの子供たちである。出光佐三はわが子を連れてきた母親から、「この子をよろしく頼みます」と頭を下げられると、もう一も二もなかった。親譲りの温情と、神戸高商初代校長の水島銕也先生の家族的取り扱いが自然の間に出た。「よし、自分がこの母親に代わって育てよう。使うのではなく、立派な人間に育てるのだ」――彼はそう自分に言い聞かせて、子供たちを引き受けた。

店員の増加と共に、店舗が手狭になり、すでに大正三（１９１４）年の秋、本店を同じ東本町内の一丁目から二丁目に移転していた。

新店舗は三井銀行門司支店の近くで、電車通りに面した木造二階建て。階下は表のほうが板張りの事務室と畳敷きの食堂。廊下を隔てて炊事場と裏庭があり、二階は店員の合宿所に当てられた。

佐三はこうして西日本一帯に漁船用燃料油の販路を広げながら、一方で次の新しい飛躍を準備していた。

第3章

反骨精神

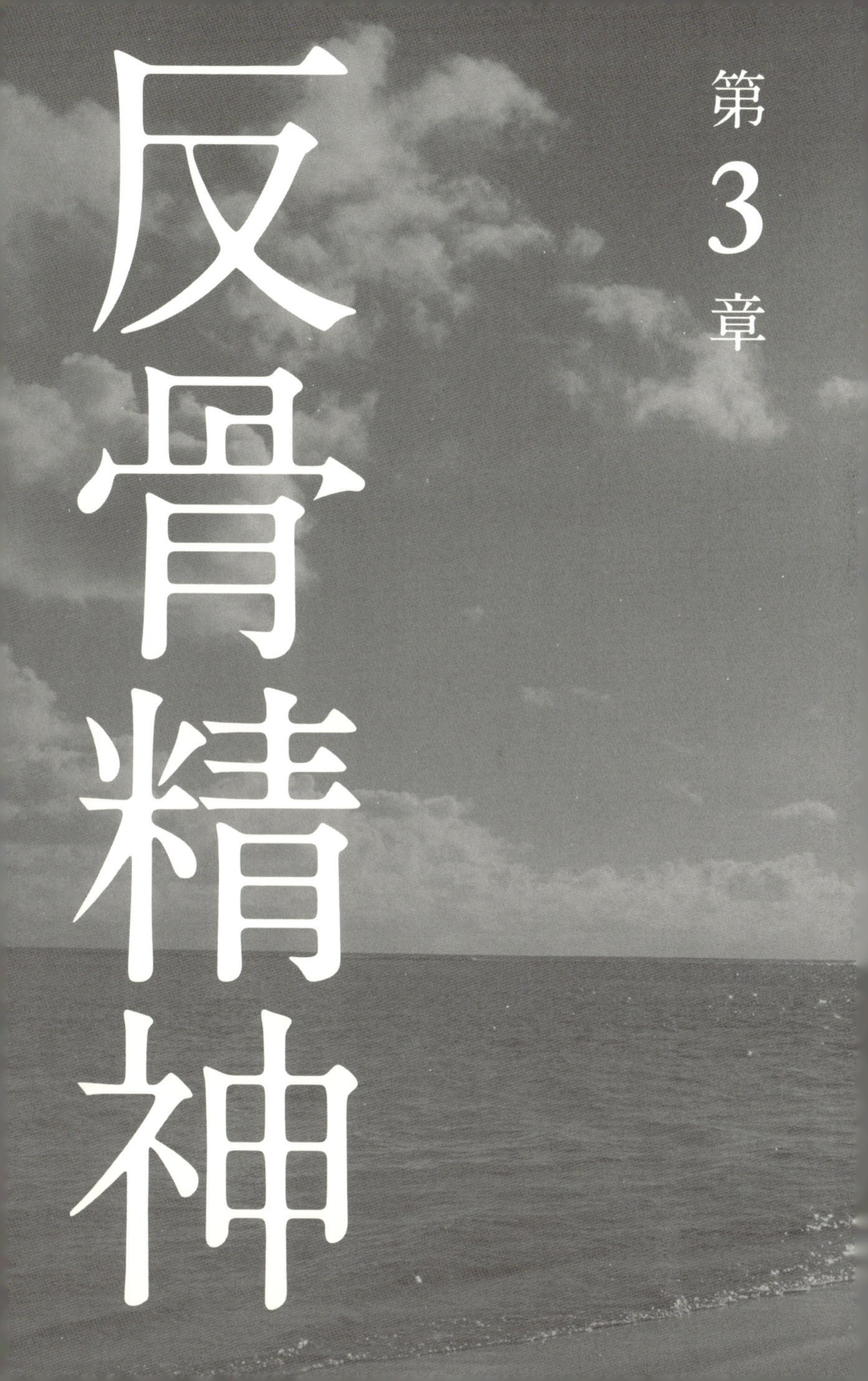

出光佐三
魂の言葉
24

よし、かならず日本油を
大陸市場に進出させ、
外油の独占を打ち破ってやる！

出光佐三が初めて満州の土を踏んだのは、大正二（1913）年のことである。満州は彼の心を強くとらえた。大陸の石油市場が米英の大石油資本に独占されている姿を垣間見た。どこの工場でも鉱山でも、街角でも集落でも、スタンダードやテキサスの商標《マーク》の入った石油缶が転がっていた。が、日本のそれは一つも見当たらなかった。

佐三がまずねらいをつけたのは、満鉄（南満州鉄道株式会社）である。満鉄の中枢は鉄道経営にある。車両だけでも何千という数であり、それに使用する機械油も莫大な量にのぼった。ところが満鉄は日本の国策会社として設立されていながら、使用する機関車から客車、貨車、そして機械油まですべて米国からの輸入に頼っている。

佐三はなんとかして日本の機械油を満鉄に売り込もうと考えた。「困難であればあるほど、それを征服した時の喜びは大きい。それはまた自分を商人として鍛錬し、強くする。さらに、満鉄への売り込みに成功すれば、それを足場に満蒙一帯、中国大陸に日本油の販路を広げることもできよう」――彼はもうじっとしていなかった。

満鉄は日本人の経営であり、
日本の国策会社でしょうが。

出光佐三の脳裏にふっと浮かんだのが、日石の下関販売店倉庫に山と積まれている良質の青い色をした車軸油である。そこで佐三は苦心の末、自ら二種類の車軸油を調製し、見本瓶を携えて、いよいよ満鉄に乗り込んだ。しかし、満鉄の分析試験の結果は、期待に反して良くなかった。用度課員は規格を盾に佐三の油を認めなかった。

しかし佐三はそれでも諦めなかった。彼はまず沙河口《さかこう》にある満鉄の工場に出掛け、試験機械を貸してもらって、自分の調製した車軸油をテストした。結果は良かった。

そこで、彼はこのテスト結果を実地試験に持ち込んだ。「ぼくはあなた方が高い外油を買い込んで、米英の業者に暴利をむさぼられておられる状況を、じっと黙って見ているわけにはいかないんです。」満鉄当局も、彼の熱心に動かされ、それに応じた。テスト区間は奉天《ほうてん》と撫順《ぶじゅん》の間、約十キロ余である。そこを往復する貨車に、佐三の調製した普通冬候車軸油を使い、その成績を見ようというのだ。結果は彼の期待どおり、外油に対して日本油がなんら遜色のないことを実証した。こうして彼は満鉄当局に日本油の真価を認めさせ、その採用に踏み切らせた。大正三年の冬のことである。

出光佐三
魂の言葉
26

いつまでも、
あんな油を使っとったら、
そのうち、　車が焼けますよ。

満鉄への車軸油売り込みに成功して間もなく、出光佐三の心にふっと疑問が浮かんだ。満州の冬は厳しい。厳寒地では、油が凍結してしまい、車両火災の原因ともなる。従って、同じ冬場でも温帯と寒帯とでは、当然、車軸油の油質、種類が違っていなければならないはずだ。佐三は種々の油を取り寄せ、ふたたび油の調合に取りかかった。ようやく数種類の厳寒用車軸油をつくりあげた。だが、それらの結果は、現地の満鉄に行って、試験器械にかけてみなければ分からなかった。

テストの結果は良好だったものの、その後、何カ月たっても、なんの音沙汰もない。佐三はみずから満鉄におもむき、用度課に憤懣《ふんまん》をぶっつけた。

その場で佐三は、「そのうち車両火災が起きる」と、啖呵を切った。言葉のはずみというものである。焼けなかったら出入りを差し止めると言われたが、それも飲んだ。「苦労が水の泡になろうがかまわん。謝らなきゃならんのは、向こうのほうだ」――大正七（1918）年の暮れ、一通の電報が届いた。大寒波により、満州の車両燃焼事故が続発し、大被害を出したのだ。佐三の言葉ははからずも現実となったのである。

精神が肉体を征服する、
なんてことは
真の名僧智識の言うことで、
自分のような
凡俗の口にすることじゃない。

大正八（1919）年暮れ、思わぬ災厄が出光佐三の肉体を襲った。腸チフスにかかったのである。こんにちでこそ、腸チフスといっても、それで死ぬことは少なくなったが、当時はまだ死亡率も高く、恐ろしい伝染病の一つだった。

佐三は生死の境をさまよいながら、身内の者を呼ぶように指図し、山陰地方へ出張中の父・藤六に帰ってもらうよう、電報を打たせた。もうすっかり死ぬ覚悟をしていたのかもしれない。

しかし奇跡的に危篤状態を脱し、丸一日たって意識が戻った。体が衰弱すると、心も弱くなる。妙に神経だけが高ぶる。熱の上がり下がりが気になって仕方がない。医者が回診に来るたびに、熱の具合を聞く。聞いた後で、彼は自嘲した。「なんだ、その態《ざま》は。おまえは平素、死ぬことなんかなんとも思わないとか、死ぬ時は坐って死ぬなんて覚悟していたが、もうそんな気力はないじゃないか。熱の上がり下がりを気にしているくらいじゃ、とてもだめだ」――自問自答の中で、佐三は人間の弱さを自覚した。

どんな苦しさに耐えても、
恩には報いねばならぬ。
両親も安心させねばならぬ。

この頃、出光佐三は商人のあり方に疑問を抱えていた。高く売れば買い手が損をし、安く売れば商売が成り立たなくなる。お互いに納得のいく価格で折り合ったところで、それも結局妥協にすぎない。〝黄金の奴隷たる勿《なか》れ〟とか〝生産者より消費者へ〟などと言ってみたところで、所詮、商人というものは物質的な利害関係、物の世界から離れることはできないではないか……。

挫折感が彼を襲った。一時は、ほんとうに商売をやめようとさえ考えた。が、いつも、その一歩手前で踏み止まってきた。

「初志を貫け！」――無利子・無期限で資金提供をしてくれた日田重太郎の言葉が、彼のひるむ心を叱咤した。「いま、ここで商売をやめて、日田さんにどんな申し開きができるというのか。それは自分に寄せられた全幅の信頼を裏切ることであり、恩に背くことだ。いま商売をやめるのは、つまりは自分自身に対する敗北である。それに、これまで自分と苦労を共にしてきてくれた店員たちを、どうして見捨てることができるか」――そう自分に言い聞かせ、心にかかった懐疑の雲を払いのけるように仕事に没頭していった。

決して油を切らしたりはいたしません。
どうか安心して
仕事をつづけていただきたい。

第一次世界大戦が勃発した時、出光佐三はやがて石油の需要が急増し、油不足の事態の起こることを予感した。油が切れると、機械も船も動かない。そこにつけ込んで、悪質なブローカーが跳梁《ちょうりょう》し、買い占めや売り惜しみ、投機が横行した。消費者は思うままに暴利をむさぼられた。

しかし佐三はこの好機に金儲けに走らなかった。得意先にいちいち石油製品の仕入れ原価を示し、価格はそれに平常の口銭より多少の割り増しをつけただけだった。それでも、出光の納入価格と一般の市場価格との開きは桁《けた》違いで、得意先をびっくりさせるほどであった。

佐三はこの時、信用という無形の資産をつかんだ。さらに、この体験はそれまで彼の心にかかっていた懐疑の雲を吹き飛ばし、商人の社会的な役割、使命を目覚めさせた。商人道に開眼したのである。

私の一生は金繰りの一生である。

「大地域小売業」という出光商会独自の販売体制には、多額の運転資金、設備資金を必要とした。資金難は出光の常態であった。高利貸しや金持ちの金だけは借りたくない。株式会社を設立すれば、利潤の追求に汲々とせざるを得ず、結局は営利のための経営に傾いていく。

出光佐三が最も適切な資金調達の方途として考えたのが、銀行融資である。佐三はかねてから企業活動に必要な資金は、銀行融資に頼るべきであるという考えを持っていた。創業当初から取引があったのは、住友銀行門司支店である。間もなく二十三銀行門司支店とも取引が始まっている。

だが、当時はまだ出光商会といっても、銀行筋から多額の融資を受けられるほどの社会的信用を得ていなかった。佐三は足しげく銀行を訪れ、出光の経営方針から経営の実情まで率直に打ち明け、融資を熱心に依頼した。ついに二十三銀行門司支店が、無担保で融資に踏み切った。出光にとって旱天《かんてん》の慈雨であった。

出光佐三
魂の言葉
31

〝独立自治〟は自分の初志であったし、
出光商会の方針でもある。

出光佐三は、「自分の独立の陰で、店員の独立が犠牲にされているのではないか」と思い悩んだ。〝大家族主義〟の名の下に、店員の人格的独立が妨げられているとしたら、これは由々しきことである。

その結果、店員には出光商会の主義方針のなかで、最大限の独自と自由を与えるべきだと考え、実行した。店員にはそれぞれ持ち場で全権を与えて独立させ、自由に仕事をやらせることにした。若い店員にも、容易に一店を任せた。店員の自主的な判断や人格を尊重して、権限の規定や罰則もつくらなかった。

店員たちは和気あいあいとした家族的雰囲気のなかで、のびのびと仕事に専念するようになった。こんにち言うところの「権限の委譲」である。佐三はそれを創業間もないころから、しかも徹底した形で実行したのである。

出光独自の「大地域小売業」体制は、期せずして店員の独立自治と人間育成のための格好の場でもあった。

出光佐三
魂の言葉
32

かりに出光がなくなったら、
どうなりますか。

大正十（1921）年秋、日石と宝田石油の合併が実現した。第一次大戦の勃発以来、国内の石油の需要が拡大した。一方、戦争の束縛から解放されて、スタンダード、シェル等の米英石油資本は、たちまち全世界の市場で攻勢に転じてきた。安い外油が関税障壁を乗り越えて大量に流れ込んだ。この外圧への危機感が両社首脳をして合併に踏み切らせたのだ。

出光商会は創業以来、日石の特約店として密接な関係を保ってきた。日石の動向は、そのまま出光の経営活動に大きな影響を与えた。親会社の日石が合併によって国産油の経営基盤を強化したことは、出光にとっても歓迎すべきことであった。

ところが、日石は合併後、従来の信用貸を廃止し、担保制度に切り替えようとした。これは、出光佐三の眼には、物質主義への堕落としか映らなかった。「人を主とし、金を従とする」ことをかたくなに守り通してきた佐三にとって、それはなんとも許しがたいことであった。しかし日石は次第に出光の進出に圧迫を加え始めた。「あなた方がこれだけの地盤を維持するのに、どれだけの販売機関を設けなきゃならんか、どれだけの資金がいるか。それに第一、人がいますまい」――日石に対する佐三の抗議である。

第4章 志

出光佐三
魂の言葉
33

このばかが！
国民が災難で苦しんでおる時に
金儲けを考えるとはなにごとか！

大正十二（1923）年九月一日、なんの前触れもなく大地震が関東一円を襲い、東京、横浜等の都市は焦土と化した。大震災は人心を動揺させ、社会不安を醸し出した。震災恐慌の混乱のなかで、ブローカーや投機的商人が横行した。出光商会にも誘惑の手が伸びた。出光佐三はむろん、そんな手に乗るはずはなかった。ところが、事もあろうに商会の内部から震災の混乱に乗じて、金儲けをたくらむものが現れ、佐三は激怒した。

出光は営業活動の舞台を西日本と海外に広げていたので、幸いに大地震の災禍をまぬがれた。そこで佐三は震災の復興に商人として役立つことはないかと考えた。その一つが、無煙炭を養蚕地帯に供給することであった。復興のためには、日本の輸出品の大宗である生糸の生産を高める必要がある。当時、蚕室を温めるには、無煙炭でつくった豆炭が非常によいと言われていた。

よし、この豆炭製造に協力して、これを養蚕地帯に供給し、養蚕を盛んにして復興に尽くそう――そう考えて、養蚕暖房用無煙炭の販売に乗り出した。

もう、こうなったら、
とことんまでやるだけだ。
それで店が潰れりゃ、仕方がない。

震災恐慌の激浪が、出光商会の経営を洗い始めた。第一銀行門司支店から借入金の返済を迫られた。およそ二十五万円を一時に返済せよという厳しい請求であった。当時、出光の銀行借入金は約五十万円。その半分を一挙に引き上げられては、たまったものではない。

さすがの出光佐三も、高利貸からの融資の話に少し揺らいだ。彼は創業の恩人、日田重太郎の居所を訪ねた。「高利貸の金なんか、ビタ一文も借りたらあかん。出光が倒れるんやったら、わしも一緒に乞食する」――最後の一言が、佐三の心を激しく打った。「なんとありがたい言葉か。自分のためにすべてを投げ出してくれている人がいる」――彼は迷いから覚めた。

依然、経営の危機は眼前に迫っていた。「出光危うし！」という噂が、同業者の間から金融筋にも広がった。しかし彼の内心には、自己の信念を生き抜き、人事のすべてを尽くしてきたという満足感があった。

債務を完全に果たすまでには、
多少時間がかかるでしょうが、
迷惑は決してかけぬつもりです。

関東大震災後、借入金の返済を迫られた出光商会にとって、最後の頼みは二十三銀行だった。出光佐三は門司支店長の林清治に会い、出光の内情を率直に打ち明けて、同行の意向をただした。「いま第一銀行から借入金全額の返済を求められ、土壇場に立たされております。あなたのほうはどうなさるおつもりですか。もし、借入金の引き上げをなさるようでしたら、私はいよいよ事業整理にとりかからなけりゃなりません」。

出光の経営は、一見、自転車操業に似ている。絶えず資金繰りに追われていて、資金の回転が止まると、たちまちばたっと倒れそうに見える。担保物件になるような資産とて、ろくにない。

林は大分の本店に向かい、頭取の長野善五郎に出光の実情を報告し、指示を待った。しかし大分本店内でも、出光に対する貸し付けのことが槍玉に挙がっていた。

頭取の長野は「出光を呼べ」と言いつけた。佐三は初めて長野と顔を合わせた。二人の目が合うと、もう互いの心は感応し合っていた。あうんの呼吸である。長野の一声で、本店内に広がっていた出光に対する不信や不安の雲は吹き飛んだ。

われわれは金において
日本一を誇りたくありません。

震災恐慌のさなかにも、出光商会は着実に販路を伸ばしていた。むしろ発展は海外で著しかった。朝鮮に進出し、スタンダード、ライジングサンという外油会社の独占的な市場支配にくさびを打ち込んだ。

外油会社側は出光の進出に対して激しく圧迫を加え、破れた独占の網の目を繕おうとした。また、奇妙なことに、親会社であるべき日石も出光の販売活動を妨害し、あまつさえ外油会社と結託して出光締め出しにかかった。日石副社長への直談判が功を奏し、日石の露骨な妨害、圧迫はやんだが、それは表面上だけのことであった。

だが、出光はそのなかで大正末には日石特約店中、トップの地位に進出していた。佐三が会議の席上で述べた言葉である。

「精神、店風、経営ぶり、協同一致の実現、人力の試練において日本一、世界一となりたいのです」

外油会社はいまこそ専売制に
反対していますが、彼らも商人です。
満州は有望な市場ですから、
そう簡単に見捨てるはずはありません。

満州における石油専売制は、一時、国際問題にまで発展したが、結局、満州国側が運用面で外油会社に対する厳しい統制条件を緩和し、双方の妥協がなって落着した。

出光佐三は満州、朝鮮、台湾等で外油会社に挑戦してきた。だが、それは彼らの不当な独占と搾取にくさびを打ち込んで自由な競争市場を実現し、消費者の利益を計るためであった。決して、それで外油会社を市場から締め出すためではなかった。

折から、海外では油田がどんどん開発され、原油も製品もだぶついていた。カリフォルニア・スタンダード石油会社は、ペルシャ湾内のバーレン島に豊富な油田を掘り当て、世界の石油過剰傾向にいっそう拍車をかけていた。それで外油会社側は、過剰な原油や石油製品のはけ口として満州の市場が確保されるならば、専売制そのものにかならずしも反対するものではなかったのである。そこには、彼らの利ざとしい計算と戦略があった。佐三はそれすらも見抜いていたのである。

外油会社に挑戦するつもりはない。ただし、圧迫的な態度に出るのであれば、地の利を利用して対抗する。

出光佐三の眼は、華中市場の拠点、上海《しゃんはい》に向けられていた。当地ではすでに数社の米英大石油会社が深く食い込み、カルテルを組んで市場独占していた。中国の消費者大衆は、不当に高い石油を買わされていたのである。外油会社は中国の政府、官僚を籠絡《ろうらく》して、他の石油会社の進出を抑えていた。

佐三はこの厚い壁にあえて挑戦した。当時国内に眠っていた過剰灯油を華中市場に売り込もうというのである。その最大の武器は、出光商会独自の「大地域小売業」だ。

日本油の上海上陸は、当地の石油市場に大きな波紋を投げかけた。外油会社側は、佐三の「挑戦状」を一笑に付し、ただちにダンピング攻勢をかけてきた。出光の販売地域に限定して極端な値下げを断行し、一気に押し潰しにかかった。

出光は、外油会社が値下げ攻勢をかけてくれば、そこをぱっと引き揚げて、他の地域に打って出る。そこが極端な値下げになれば、また他の地域に移る。いわば、ゲリラ戦術だ。日本油に対する中国民衆の評判は確実に高まった。

出光佐三
魂の言葉
39

もし、あなた方が
計画されているようなことが
実際に強行されますと、
将来、米国と戦争を
引き起こすことになりますぞ。

日本の石油業界では、カルテル化が急速に進んでいた。昭和十一（１９３６）年には、新たに約十社による石油聯合株式会社（石聯）が設立された。石聯の目的は、加盟会社の全石油製品の販売統制である。このカルテルはほとんどすべての石油部門を覆った。実態は官僚色の強い統制であった。

一方、政府燃料局は、対華石油政策の確立を主張して、国策会社・大華石油の設立を計画していた。この政策を動かしていたのは、軍人事務官と石聯であった。

出光佐三は大華石油の設立趣旨そのものに異議はなかったが、その裏に動いている一部業者のよこしまな画策は、黙って見過ごすわけにはいかなかった。「このまま大華石油の設立が進められると、たいへんなことになる」——佐三は、燃料局におもむいて、企画課長の堀三也大佐に面談を求めた際の言葉である。

「もう結構！　だが、大華石油の計画は既定方針だから、予定通り進める」と、堀大佐は聞く耳をもたなかった。しかし堀大佐は現地に来てみて驚いた。出光の実績と実力を目の当たりにしたからだ。

私が大華石油の
株主になるかどうかは、
あなた方にお任せいたします。

出光佐三は、昭和十二（1937）年、貴族院議員として初めて赤いじゅうたんを踏んだ。福岡県で第一位の多額納税議員として議席を持つことになったのである。しかし党利党略の政治活動にはまったく関心がなく、終始、一議員として大局的な立場から発言し、批判し、行動した。

貴族院の佐三のもとに、燃料局長官の竹内加吉が訪れた。「ぜひ、あなたに大華石油の株主になってもらいたい」——竹内は中国における出光商会の実績を知り、当初は株主構成から外されていた出光に、あらためて依頼に来たのである。「現地の実情が分かっていれば、大華石油の設立計画は立てられなかったはずですが、しかし、ここまで進んでいる計画を中止するわけにもいきません。大華石油の経営方針に、あなたの意見を充分反映させるつもりです」——しかし佐三にとって、株主になる、ならないは瑣末の問題であった。彼の胸にあったのは、一業者の利害を超えた公益の問題であった。

ライオンでも鼻の中に蚊が一匹入ったら、
くしゃみくらいしますよ。

中国大陸の戦線拡大と共に、占領地域の民需に対する石油供給が、喫緊の問題となってきた。出光佐三はかねてから中国市場における民需の石油供給について国際貿易を構想し、提唱していた。とはいえ、これは一出光の枠を超えた国家の対華石油政策上の問題である。わが国の石油業界の総元締ともいうべき石油聯合株式会社（石聯）が実行に取りかかるべきだと考えていた。しかし、石聯はなにひとつ動く気配を見せなかった。

佐三は、このうえは、独力でも構想の実行に踏み切るしかない、と決断した。第一に上海に大油槽所を建設することである。しかし、さまざまな障害が横たわっていた。外交上の問題、現地軍の了解、資金の調達、土地や資材の入手、さらに石聯の妨害も予想された。無事、油槽所を完成しても、スタンダード、テキサス、アジア等の強敵が手ぐすね引いて待っている。

周囲の嘲笑や疑惑の眼をよそに計画を急ぐ佐三に、日石からも忠告があった。それに答えた佐三の言葉である。

出光佐三
魂の言葉
42

私は運に恵まれた。

外交上の問題をクリアし、上海現地軍当局の了解を何とか得た。出光による上海における油槽所の建設は一歩ずつ進んでいくかに見えた。

しかし、石油聯合株式会社（石聯）が動いた。石聯は軍部の中枢に深く入り込み、軍需石油の供給だけでなく、軍部の支援を盾に民需の石油市場をも席捲《せっけん》しようとたくらんでいた。だが、民需の石油市場には出光が強固な根を張っている。それが石聯にとっては眼の上のこぶだった。彼らはことごとに出光佐三と出光商会を中傷し誹謗《ひぼう》した。支那総軍の了解、建設用地の確保は、石聯によって妨害された。

しかしそれらの障害にぶつかるたび、土壇場にくると、かならずそこに救世主みたいな人物が現れる。資金難の問題については、第一銀行本店が二つ返事で融資申し込みを了解してくれた。

ほとんど、それは奇跡のようであった。運の強い人物といえば、佐三ほど運の強い人物も珍しい。しかし、それらの幸運も、彼の不屈の信念とたゆみない営みのうえに舞い下りてきたものだった。

出光佐三
魂の言葉
43

あなたの言われたことが事実なら、
私は肚を切ってもいい。
しかし、それは根も葉もない
中傷というものです。

出光による上海油槽所建設が始まった。一方、石油聯合株式会社（石聯）はこの建設工事の進捗を横眼でにらみながら、竣工を待って油槽所の乗っ取りを画策しだした。石聯は燃料国策という美名に隠れて、内地に保税工場を設立し、外国から輸入した原油をこの工場で精製して、その製品を中国市場に輸出し、莫大な利潤を手に入れようとたくらんでいた。

石聯首脳は、国民が戦争に命をかけているとき、私腹を肥やすことしか考えていなかったのである。だが不思議なことだが、石聯会長の橋本圭三郎は、この画策がいよいよ明るみに出るまでなにも知らなかった。そればかりか、内部の人間の中傷、告げ口を信じ、佐三を責め立てた。しかし真実を知ると「うん、そりゃ石聯のほうが悪いね」と、あっさり石聯の非を認めたのだった。

無償をもって国家に奉仕したい。

昭和十五（1940）年四月、上海油槽所の第一期工事が完成した。合計九基の巨大なタンクを目の当たりにし、建設に携わってきた多くの人々の心を熱いものが満たした。

竣工式当日は折からの暴風が砂塵を天に舞い上げる悪天候であった。出光佐三は玉串を捧げながら、神の加護を感じて胸が迫った。もはや、さまざまな策を弄して妨害してきた野心家たちへの憎しみも怒りもなかった。

出光がようやく態勢を整えて、民需石油の供給に積極的に乗り出そうとした矢先、東京の航空本部から上海油槽所のタンクを使用したいと申し入れがあった。苦心の末、やっと建設したばかりの貴重なタンクである。だが、佐三は直ちにその申し入れを承諾した。この時、どのタンクにも満杯近く油が入っていた。軍の油を入れるためには、中身を他所に移す必要がある。タンクの中の油を缶詰めにし、遠方の中国人所有の倉庫を賃借して、そこに移すことにした。運搬費、倉庫料、油の漏洩、缶の損傷等だけでも、およそ三十万円の損失であった。しかし佐三は、それらの損失はもとより自弁するつもりでいた。

第5章 正義

出光佐三
魂の言葉
45

株式組織は資本主義の最もずるい形態であり、責任分散の方法であり、寄合所帯であります。

昭和十四（1939）年、ヨーロッパで第二次世界大戦の火蓋が切られると、石油の供給確保はますます困難になった。国内では石油の配給統制が敷かれた。出光商会も内地での事業活動が縮小を余儀なくされていたが、満州や中国大陸では拡大の一途をたどっていた。

出光佐三は新しい事態に即応して、中華出光興産、満州出光興産を設立、さらに翌十五（1940）年には、出光興産を設立し、東京・有楽町に本社を置いて、朝鮮、台湾、関東州の業務を統括させた。このとき、新会社をすべて株式会社組織とした。だが、株式会社の形態をとっても、それはまったく便宜上のもので、佐三が創業以来、固く守り通してきた個人経営の精神、あり方に変わりはなかった。

「支那においては株式会社の看板が便利である。満州においては株式会社を要求されるのである。内地はついでにしたというにすぎないのであります」と、佐三は語っている。そこには、物を中心とする経営ではなく、人を中心とする経営を一貫しようとした彼の強い意志と不動の信念があった。

出光商会の主義の第一は
人間尊重であり、
第二も人、第三も人である。

「出光商会は金を儲けようとして出立したのではありません。一生働いて働き抜いてみよう、それも各個がばらばらに働くのではない、一致団結して働こう、これが人間の生まれてきた所以であり、国家に対する責務であり、社会人としての道であるというのであります」――出光佐三は主義方針の第一に「人間尊重」を挙げ、すべての根本に置いた。

「人道主義」を掲げてきた経営者はいる。しかしそれらはいずれもキリスト教ないしは西欧近代ヒューマニズムの影響を強く受けた人たちで、土着的な強さを欠いていた。

佐三の「人間尊重」思想は、それらとまったく無縁であった。事実、彼の人間形成過程をたどっても、外来の宗教や思想の影響を受けた痕跡はどこにもない。それはまぎれもなく日本の民族と歴史の土壌に深く根ざした信念体系であった。

出光佐三
魂の言葉
47

ただ声の大きいのだったら、
私のほうが大きい。

昭和十一（1936）年の二・二六事件以後、「粛軍」どころか、軍部独裁の傾向はますます強まり、軍人の一喝が政党や議員の口を封じ始めた。昭和十五（1940）年、軍の機密防衛を強化する必要から「要塞地帯法中改正法律案」が、貴族院に回付されてきた。出光佐三は貴族院議員として、その特別委員会の審議に加わっていた。

佐三はしかし、配布されてきた「改正法案」を見て驚いた。これでは要塞地帯周辺に住んでいる住民は、庭に穴一つ掘ることもできない。竹藪を切り払うのにも、いちいち当局の許可を受けなければならない。それを怠ると厳しく罰せられる。さらに転嫁罰が加えられており、会社の従業員が違反した場合、彼の所属する会社の責任者が処罰されることになるのである。「政府はいったい、国民をどう考えているのか。この非常時こそ、軍、官、民の一致協力が求められているのに」――ついには、特別委員会の席上、彼の反骨精神が火を噴いたのである。「大きな声を出して怒鳴って片づけようとするのは、軍の悪い癖です。そんなことで片づく問題じゃありません」――結果として、佐三の強硬な主張によって、「改正法案」は一部が削除されて成立した。

出光の計画の最後の
来るべきものが来るのである。
国家のお役に立つ時が来たのである。

昭和十五（1940）年、日米通商条約が失効すると、わが国の石油不安は、いっそう高まった。政府は石油の供給確保策を強化すると共に、消費規制の枠をさらにきつくした。外地の占領地域では、軍が直接、石油の供給ルートを抑え始めた。軍部による石油統制の背後には、石油聯合株式会社（石聯）による、ふたたびの中国市場支配の画策があった。出光を「利敵行為を行う国賊」と中傷、非難する声が巷に広がり、支那総軍内にも起こった。しかし、支那総軍のなかにも、出光の支持者はいた。ある日の幕僚会議は、石聯派と出光派の真っ二つに割れ、口角泡を飛ばす激論が交わされた。

ついに支那総軍当局は出光に、緊急に油槽所を増強し、それを軍に提供するよう要請してきた。もはや石聯頼むに足らずと考え、出光の実行力に期待したのである。

普通の業者だったら尻込みし、軍の要請を体よく断るところだが出光佐三は違っていた。彼の意識の底に絶えず動いていたのは、一商社、一出光の利害などではなく、国家とか民族の運命であった。

悲観すべきでなく
猛進すべきである。
狼狽すべきでなく
自信を有すべきである。

昭和十六（１９４１）年、興亜院は突然、「北支石油類輸入並びに配給統制組合設立要綱」を発表した。既存の業者、組合を解散させて、新たに設立する北支石油協会にすべてを組み込み、華北の石油事業を完全な統制下に置こうとするものだった。

出光佐三はこの統制計画に、真っ向から反対した。屋上屋を架す有害無益な機構づくりにすぎず、早晩行き詰まることを予感したからである。だが、時の巨大なうねりは、彼のそのような意思も信念も押し流そうとした。

そのころ出光は中華出光興産、満州出光興産を合わせ内外地に五十以上の支店、出張所を設け、約一千万名の従業員を擁するまでに発展していた。外地、ことに中国市場にはまだ国家統制の手は伸びておらず、中華出光興産は「大地域小売業」の地盤を築きあげていた。しかしこの自由な活動舞台も、北支石油協会の設立によって、いま国家の手で取り払われようとした。佐三は「北支市場の将来を誤るな、寄合所帯の膨大な機構の設立を阻止せよ」と重役たちを叱咤激励したが、北支石油協会はついに設立された。

私ならやれます。
予定されている人員の十分の一の
二百五十名で充分です。

現代の戦争は石油によって戦われ、石油によって勝敗が決する、と言っても過言ではない。石油がなければ飛行機も飛べず、軍艦も戦車もトラックも走れず、軍需品生産の機械も動かないのだ。石油は文字どおり戦争の血液であり、その供給力如何が戦争の帰趨《きすう》を左右すると言っていい。

日本は石油を求めて南方への武力進出策をとり、対抗した米国は石油はじめ重要軍需物資いっさいの対日輸出を禁止した。そして起きたのが昭和十六（１９４１）年の日本空軍による、ハワイ真珠湾攻撃であった。南方の産油地域を占領した日本は、軍需のほか民生安定上、民需石油の配給態勢を早急に確立する必要が起こった。

このとき現地案として持ち出された、一大国策会社の設立に、出光佐三は反対だった。当局がふたたび北支石油協会の轍《てつ》を踏もうとしていることを黙って見過ごすことができなかった。佐三と意気投合した、陸軍省整備局燃料課長の中村儀十郎大佐は、「どうです、あなたやれますか」と聞いた。そのときの佐三の自信に満ちた返答である。

お前たちは黙っとれ。
後はおれが引き受ける。

南方占領地域における民需石油の配給に関して、出光佐三が提案した、供給の第一線に重点を置いた簡素な機構で人の力を最大限に生かし能率的に仕事を進める案が、陸軍本省で採用された。しかし、大国策会社設立を提案したものの却下された形となった現地の南方総軍は面白くなかった。

「出光の派遣要員は、利権を目的にやってくる不逞の輩《やから》である。上陸してきたら、みなたたき殺してしまえ、銃殺してしまえ!」――そんな物騒な声が、佐三の耳にもしきりに入ってきた。大国策会社の設立を画策している石油聯合株式会社(石聯)関係者の仕業だった。

調査団として現地入りする出光興産社員は険悪な空気を感じ、不安になった。しかし佐三は泰然としていた。ただ、戦場の殺気立った軍人たちは、軍の面子《めんつ》にこだわり、策動者の口車に乗って、どんな乱暴なことをするかわからない。佐三は陸軍本省に中村儀十郎大佐を訪ね、事態の収拾にあたった。

不退転の信念と超越せる
経験とを活かして、
国家に奉公の誠を致せ。

昭和十七（1942）年、南方占領地域へは、出光興産から三名の調査員が参加した。出光佐三らはいっしょに明治神宮に参拝し、その後、帝国ホテルで開かれた壮行会に招かれた。佐三はその時、美濃紙にしたためた「壮行の辞」を彼らに手渡した。「使命」として書かれた一文である。

それに続く「壮行の辞」は後に「人間の真に働く姿を顕現して国家社会に示唆を与えよ」という言葉に要約され、出光の法律上の定款とはべつに「精神的定款」として高く掲げられることになる。

この「精神的定款」は、創業以来、彼が経営活動の根本に一貫してきた「人間尊重」「大家族主義」「生産者より消費者へ（消費者本位）」の経営理念を内包し、単なる営利活動を超えた究極の事業目的を社員へ示したものだった。

世の批評や一出光の立場の如き
顧みる必要なし。
咲くも花、散るも花、
只桜花として朗らかに終始せよ。

出光の民需石油配給要員九十六名が南方へ向け、宇品港その他の基地から出発した。フィリピン、ビルマ、マレー、スマトラ、ジャワ、北ボルネオと、広範な地域に散り、現地の民需石油供給に従事した。ところが、その配給態勢はほとんど整っていなかった。軍政監部は軍需のことしか頭になく、民需を無視していた。出光要員は、それらの悪条件のなかで、「大地域小売業」の体験を生かし、機動力を発揮して、現地住民に密着した配給態勢の確立を急いだ。

しかし、南方総軍の石油関係当局は、すでに連絡会議において陸軍本省の方針を確認していながら、いったん葬り去られた現地案にまだ固執しつづけていた。このような現地軍の独断専行の傾向は、遠く満州事変前後から軍部内に蓄積されたものであった。現地ではいまだに反出光勢力は、まだ根強く残っていて、陰に陽に策動していた。

派遣要員のリーダーである中華出光興産取締役の長谷川喜久雄は、事情を出光本社の佐三に打電した。それに対する返電の一部である。

出光佐三
魂の言葉
54

彼ら（中国出光興産北京支店の重役）には、
まだ真剣さが欠けている。
身を捨ててかかる気迫が足りないのだ。

太平洋の戦局がミッドウェー海戦の大敗を機に大きく転換していた。南方からの石油輸入量は減退し、内地の石油事情はふたたび逼迫しだした。それは中国の占領地域も同様であった。

昭和十七（1942）年、大東亜省が新しく設置され、これに興亜院が統合吸収された。当局は石油配給機構の前面に、北支開発会社を立てようとした。出光佐三が、その非合理と非能率を指摘し、早晩、行き詰まることを予見して反対した北支石油協会の改革である。佐三はこの機会をとらえ、北支石油協会の機構を徹底的に簡素化し一元化することによって、その機能を強化するよう、当局に強く要請した。直接その衝に当たったのが、山田孝介ら北京支店の重役たちである。

だが当局は出光案を容易に受け入れようとはしなかった。裏では出光排撃が画策されていた。山田らは、佐三の北京出馬を要請したが、佐三はまだ動かなかった。部下に絶大な信頼を置いていたゆえに、彼らの不和、不統一に厳しい鞭《むち》を当て、泣き言をはねつけた。

無用の統制、
トンネル会社を作られることは
絶対に阻止せよ。

中国出光興産北京支店の熱心な運動は、ようやく実を結び始めた。北京大使館当局は、現在の北支石油協会を解散し、日本法人有限会社・石油協会を設立する計画を立てた。この当局案には、出光がどの部門にも担当業者として顔を出していた。それは確かに、重役たちの運動の成果だった。

だが、当局案はまだ出光佐三の考えとは大きな隔たりがあり、機構の一元化とはほど遠いものだった。佐三は重役たちの頭がまだ一個人や一出光の利害、立場にとらわれていることを感じ取っていたし、それが彼らをして信念をもって事に当たらしめない足かせになっていることも見抜いていた。

「実務に重点を置き、此処にて人間が全力をつくす、之を統制する機構は無に近きものを理想とする。これに反し無を理想とする所に膨大なる機構を作り、その下に子会社、協会、組合を作り、人間はその陰にかくれ役得を振回し動かなくなったのがこれ迄の行き方である」——佐三はあくまでも既定方針の貫徹を求め、信念の実行に妥協を許さなかった。

出光佐三
魂の言葉
56

仙厓《せんがい》さんの遺墨の中に、
〝指月《しげつ》の訓《おしえ》〟がある。
赤ん坊に月を指して、
あれをご覧といっても、
赤ん坊は月を見ないで指を見る。

北京大使館は困惑した。出光による機構改革案が理想的なものであることは、分かっていた。だが、それを採用すれば、北支開発、三井、三菱その他の業者が黙っていない。といって、現地の実力者である出光を除外するわけにもいかぬ。当局経済部長の菅波称事《しょうじ》は、思い余って特命全権公使の塩沢清宣に裁断を求めた。

「そりゃ簡素強力な方法でやらにゃいかんという出光の案がいい。それでいこう」

――かくして出光案を骨子とした改革要綱が作成された。

完全とはいえないまでも、組織を簡素化し、配給部門は出光一社に限定された。寄合所帯の弊害を排除して配給の第一線を簡素強力にせよと主張してきた出光佐三にとって、満足すべきことであった。

業者の間からは猛然と反対の声が挙がった。だが、もはや、当局はその方針を変える考えは持っていなかった。在華、在満の重役、社員を集め、佐三は仙厓（江戸時代後期、九州・博多の名刹聖福寺の住職を務めた名僧、普門円通禅師）の『指月《しげつ》布袋《ほてい》』を引き合いに出して訓示した。

出光佐三
魂の言葉
57

決死の覚悟で
仕事をしている社員たちが、
かわいそうです。

太平洋の戦局が熾烈化するなかで、出光は陸軍省当局の要請を受け、南方に民需石油の配給要員を送り続けた。出光派遣要員の活躍は、各地で現地軍を瞠目させた。彼らは占領地各軍の軍政監部に所属し、民需石油の生産・保管・配給に当たったが、それぞれの部署で組織をぎりぎりまで簡素化し、迅速果敢な供給態勢を築きあげていった。当初、現地軍のなかにあった非難や中傷の声は、いつの間にか消えてしまった。代わって、感嘆と賞讃の声さえ聞かれるようになった。

その実績と評判は、海軍にも伝わった。出光は海軍省当局からも要請を受け、十八名の社員をセレベス、南ボルネオ、小スンダ列島の海軍軍政地区に派遣した。さらに昭和十九（1944）年には、南方総軍当局が現地の民需石油配給業務を軍直営から外して出光に委託する案を立て、陸軍本省に持ち込んだ。ちょうど本省内でも、同じ案が立てられ、大臣の了解も取りつけていた。

しかし出光佐三は「ありがたいお話ですが、いまはそんな時期じゃないと考えます」と言って、辞意を表明した。

なあに、ぼくの上に爆弾が落ちるもんか。

昭和十九（１９４４）年七月、東条内閣が総辞職し、小磯・米内内閣が誕生した後も、戦局はさらに悪化の一途をたどった。太平洋戦争の天王山と称されたレイテ島の決戦も、日本軍の大敗北に終わった。わが連合艦隊は事実上、消滅していた。わずかに残存した艦船も、石油の欠乏で動きがとれなくなっていた。この戦闘で初めて進発した特攻機は、帰途のガソリンを積んでいなかった。

米空軍はマリアナ諸島を基地として、日本本土に大規模な爆撃を加え始めた。B29が初めて帝都の上空に侵入し、以降、米軍機の無差別爆撃が猛威をふるった。

出光佐三は東京にあって、じっと戦局のなりゆきを見つめながら、本社の業務に采配をふっていた。戦局の逼迫するなかで、佐三は両親を亡くした。共に九十一歳。老衰により天寿を全うしたとはいえ、佐三にとっては痛恨の出来事に違いなかった。

東京は連日連夜、空襲警報のサイレンが鳴り響くようになった。そんな時、佐三は庭に出て腕組みをし、赤く染まった空を泰然と眺めていた。遠く海外で苦労しているであろう社員たちのことに思いを馳せていたのかもしれない。

第6章

無我

出光佐三
魂の言葉
59

過去のいっさいの経緯、
情実関係を
水に流してかからねばならん。

ＧＨＱ当局は、「どんな改革を企てるにしても、まず実態を正確につかむ必要がある。誰か日本の石油業界の実情に詳しく、しかも公平な立場で率直に発言してくれる人物はいないか……」と考え、出光に白羽の矢を立てた。ＧＨＱの係官は、「上部の機構は必要最小限にとどめ、あくまで配給の実務に直面する下部に主力を置くべきである」という出光佐三の直言に満足した。それまで商工省の役人や関係業者に報告や意見を求めても、彼らは率直に事実を語らず、大局的な立場から改革の提言をする者がいなかったのである。

昭和二十二（１９４７）年、政府の「石油配給公社案」は大幅な修正を受け、「石油配給公団法」が成立した。これは当時、矢継ぎ早に設立された各種公団の皮切りとなったものである。ところがＧＨＱ当局は、この公団を永続的な機関とは考えていなかった。近い将来、石油販売を民営に移管するまでの過渡的な機関として許容したのである。

ＧＨＱ当局は、あらゆる石油製品の専売や独占を避け、販売業者が数量的に自由に販売し得ること、つまり自由市場の実現を目指していた。

出光佐三
魂の言葉
60

行者の一生は受難の一生である。
その時代には認められず、
また酬いられぬ覚悟を要する。

昭和二十二（1947）年、石油配給公団が発足。各石油業者は、将来、民営移管の際に強固な足場をつくるため、利害や思惑が、業者を激しい競争に駆り立てた。ところが、多くの業者たちは、互いに対立し競争しながら、出光興産排撃という点では不思議に一致した。「たとえ統制の枠のなかとはいえ、この〝一匹狼〟に暴れられては、おちおち安眠もできない」――そう考えて政府当局や公団に働きかけ、出光排除の画策をひそかに進めた。公団の業者指定から出光を外そうとしたのだ。しかしGHQの指令もあって、出光は危うく救われた。

出光佐三と出光社員にとって、戦後、このころが最も苦しい時期であった。経営不振に加え、社外には中傷や非難の声が渦巻いていた。社内から多くの落伍者が出た。若い社員から重役にまでおよんだ。この苦しい時期を佐三は「行者の苦行」にたとえた。「なあに、心配することはない。正道を歩いてさえいりゃ、そのうち自然に理解され、悪口もなくなる。反対に同情、賞賛の声が起こってくる。これが出光の歴史だ」――そう言って佐三は笑った。

ヤミで儲けている会社に、
こんな借金があるはずはあるまい。

石油配給公団による業者指定で、出光興産は申請数六十五に対して二十九の指定店を確保した。こうして出光は周囲によるあの手この手の画策を打ち砕き、石油業界復帰の足場を築いた。「サービスは先づ石油より」と書いたポスターが店頭に掲げられ、社員は水に返った魚のように生き生きと活動し始めた。

業界復帰の第一歩を踏み出した矢先、こんどは集排法の指定を受けた。戦時中に統合、合併した大企業や不当に経済力を集中した企業を再編成して「民主的で健全な国民経済再建の基礎を作ること」を目的として制定された法律である。並みいる大企業とともに、出光も指定されていた。出光佐三は開いた口がふさがらなかった。

「わが社が財閥会社なみの待遇を受けるとはね」――佐三はＧＨＱに直訴した。

「おまえの会社は、ヤミをやって儲けているではないか」――同業者の悪質な投書によるものだった。佐三は貸借対照表をＧＨＱ財閥課の係員の眼の前に広げ、資産状況を説明した。当時、出光にはおよそ一億円にも達する借入金があった。

出光佐三
魂の言葉
62

日本の市場を石油カルテルの独占と搾取から守れ！

昭和二十三（1948）年、米国の対日占領政策は大きく転換し始めていた。国際政局の変化に伴い「日本を反共の防波堤にする」意向を持ち、壊滅状態にある日本の産業経済を早急に復興し自立させる必要に迫られていた。GHQ当局も一度締め上げた手を、徐々に緩め始めた。昭和二十四（1949）年、石油配給公団を解散し、それに代わって元売会社制をとるように指示したのだ。元売会社制とは、従来石油配給公団が一元的に担っていた石油製品の買い付け、販売業務を複数の民間会社（元売会社）に行わせる制度である。

出光佐三はこの機会に元売会社の地位を確保し、石油業界への完全な復帰を達成しようと考えた。だが、相手は絶対的な占領軍権力を背後に持っている国際石油資本である。スタンダード、カルテックス、シェルの外油三社が元売会社に決定しようとした時には、さすがに強気の佐三も悲観した。出光はしかし、元売会社指定の激しい攻防のなかで、幸運にも勝ち残った。ここに石油製品の買い取り・販売の民営が実現した。内外油十社が、いっせいに競争のスタートラインに立った。

私の会社の経営にくちばしを
入れてもらっては困る。

米国の対日石油政策は、さらに急転回した。昭和二十四（1949）年、製油所の再開と原油輸入の許可を指令されたのである。しかし日本の石油会社は、外油会社の提供する原油と資金と技術という三つの恩恵の前にひざまずき、自社の株式、設備、販売組織を次々に奪われていった。

外資提携そのものは、なんら善でも悪でもない。資本力や技術力の極度に不足していた戦後の経済再建期には、それもまた必要なことであったろう。だが、それが外資に従属した形でなされた場合、国民経済は植民地的な地位に転落し、国民の利益は犠牲にされる。

出光佐三は、外資提携の糸を断ち切った。必然的に国際石油資本の圏外に立ち、外資の傘下に入ったわが国の外資系石油会社をも敵に回すことになり、「民族資本・民族経営」の孤独な険しい道を歩むことになる。

出光佐三
魂の言葉
64

自由な石油市場が実現すれば、
まず必要なのは、足である。

昭和二十五（1950）年に勃発した朝鮮戦争は、デフレにあえいでいた日本経済に「特需ブーム」をもたらした。潤滑油その他の石油製品の一部に品不足が起こった。これを契機に製品輸入の枠が、徐々に広がりだした。

出光佐三はそのさらに先を読んでいた。「やがて講和条約が締結され、日本が独立すれば、石油政策の自主性は完全に回復される。その時こそ、出光が世界を股にかけて自由に石油製品の買い付けに活動し、消費者の需要にこたえることができるであろう。そのためには石油会社自身がタンカーを所有し運航しなければならぬ」――佐三は自社運航の大型タンカー建造を計画した。一万八千重量トン、一万馬力タービン。これは当時、世界の水準を抜く大型タンカーである。

第六次新造船計画の公募が行われた時、彼は早速、この大型タンカーの建造を運輸省当局に申し入れた。計画造船の時代で、まだ勝手な造船は許されなかった。

もし、私に武器が与えられるならば、
断固戦うことができる。

昭和二十五（1950）年の暮れ、出光佐三は経済安定本部に内田常雄金融局長を訪ねた。「あなたの言われる、石油カルテルの不当な独占と搾取に対して、戦うための武器というのは？」「それは船です、タンカーです！」――経済安定本部は当時、〝経済参謀本部〟の異名を持ち、強力な権限を持っていた機関である。GHQの支持もあり、「計画造船」の要もここが握っていた。しかし内田局長は、決断をためらった。運輸官僚の意向を無視するわけにいかなかったのである。

石油業界にふたたび出光攻撃の火の手が上がった。佐三はこれを児戯に類するものとして笑ったが、放っておくわけにもいかない。関係当局に出光の立場と方針を懸命に訴えた。

適格船主決定の省議は紛糾した。海運業界や一部石油業者が、出光に船主がいくことを強硬に拒んだからである。だが、出光を推す力も強力だった。ついに出光を適格船主に決定した。危ない瀬戸際で石油カルテルと戦う〝尊い武器〟を手にすることになったのである。

私はこの後、
諸君の双肩に全責任を
移すことを言明する。

支店長会議における、出光佐三の寝耳に水の言明に、並み居る重役や支店長たちは驚いた。誰もが、それを佐三社長の引退表明と受け取ったのである。時に佐三は数えの六十七歳。実業家としてはまだ第一線から身を退くほどの高齢ではない。しかし佐三は、引退するとは言っていなかった。

「自分がいつまでも経営の矢面に立ち全責任を持ち続けていたのでは、幹部たちがみずから死活の場に立つ機会を失い、彼らの依頼心を取り除くことができぬ。彼らの構えにはまだ真剣勝負の気迫がなく、どこか木剣で試合に臨んでいるような安易さがあり、背後の助力に恃《たの》むところが見える。真に強い人間に育てるためには、このへんで一度、彼らを突き放し、真剣勝負に臨ませることだ」――佐三の本心は、そこにあった。

正義に刃向かう刀はない。
正義は必ず勝つ。

朝鮮戦争の影響も加わり、重油や軽油等の需給が逼迫した。ＧＨＱ当局はついに民間貿易による重油の輸入を許可し、追加外資を純元売会社に優先的に割り当てた。しかしそこには、石油製品の価格操作、海外石油市場の情報遮断という、国際石油資本による、わながあった。

また、政府当局はジョイント・ユース（各元売会社が相互に輸入基地、油槽所を共同使用すること）の廃止を声明した。製油会社以外の純元売会社には命取りとなる。ことに製油会社と関連のない出光は即座に息の根がとまるのである。

出光佐三はかねてから消費者を犠牲にした原油輸入の偏重を改め、わが国の需要動向に適合した供給態勢をとるために、製品輸入にも公平に外貨を与えよと主張しつづけてきた。「外貨を原油と製品とに公平に与えて輸入を自由にし、消費者に有利なものを輸入せよというのが、出光興産の終戦後の主張であって、あくまで消費者本位の政策を主張しているのである」――出光には逆風が吹いていた。

何が故に製品輸入を恐れるか。

出光佐三は、消費者不在の石油政策を完膚なきまでたたき、輸入の自由化を迫った。消費者団体が出光支援の声を挙げ、政府内でも出光支持の動きが出てきた。外貨予算案の策定をめぐって対立が起こったが、結局、製品外貨のうち重油と軽油の外貨を全額、純元売会社に割り当てることに決定した。国際石油資本とＧＨＱも、現実の動きを無視できなくなったのだ。

出光は重油外貨百六万ドル、軽油外貨二十二万八千ドルの割当を受けた。佐三は白谷信一常務を、急遽、米国に派遣し、製品の買い付けに走らせた。だが、買い付けた重油の品質がわが国の消費者には不向きで、そのうえ価格も高かった。さらにタンカー運賃も異常に高騰していた。

国際石油資本の筋書きどおり、事は運んだ。その傘下にある外資系会社は、この機会に眼の上のこぶである出光を一気に押し潰しにかかった。

パナマ運河を経由し、ヒューストンへ行け！

日章丸は昭和二十六（１９５１）年に竣工した。出光佐三による国際石油資本の包囲網を破る第一矢が放たれたのだ。

出光は日章丸を駆使して製品輸入を活発に始めたが、まだ重い足枷《かせ》が一つかけられていた。肝心の揮発油の輸入外貨が与えられていなかったのである。自動車、とくにトラックが急増し、揮発油の需要がいちじるしく伸びていた。粗悪で高価な国産の揮発油を使った自動車は少し走るとエンジンを焼き、すぐエンストを起こした。国内の精製会社、ＧＨＱの猛反対にあいながらも、出光申請の揮発油への外貨割当が閣議決定された。

ロスアンゼルスから輸入したガソリンは「アポロ」のブランド名で一斉に売り出され、飛ぶように売れた。ところが国際石油資本の圧力でロスアンゼルスの取引先から注文を断られる。米国駐在員が、昼夜兼行で新しい買付先を探して回り、やっとメキシコ湾岸のヒューストンの石油会社をつかんだ。佐三はすかさず、航行中の日章丸に打電した。

第7章 決断

これは神の啓示かもしれぬ。
この機会を無にすべきではない。

日章丸の行く手がふたたび国際石油資本の包囲網に阻まれようとしていたころ、出光佐三の眼は中東の一角、イランにじっと注がれていた。イランは当時、民族運動の坩堝《るつぼ》に投げ込まれ、石油国有化の熱気に包まれていた。

イランは石油の宝庫だが、その扉を開いたのは英人だった。英国政府はイランの石油を支配していた。しかし耐えがたい貧困と隷従の生活を強いられ続けたイラン国民は立ち上がった。「イラン人の、イラン人による、イラン人のための」石油国有化が民族の運命のすべてを握っていた。英国・イランの石油紛争が始まり、米国、ソ連等の思惑も相まって、イランの石油は国際問題に発展していた。

佐三は事態が急転しつつあるのを見ていた。「国際司法裁判所の裁定は、英国政府の提訴を退け、イラン国有石油会社はすでに業務を開始している。イラン政府は各国の業者に石油の輸出販売を言明している。石油の国有化そのものはもはや避けがたい」——半世紀もの長い間、英国の支配と搾取に耐え続けてきたイラン国民に対して同情を感じた。

あなた方もわれわれも共に、
高い目標のために戦っており、
共通の敵と戦っているのだ。

昭和二十七（1952）年、イラン政府との交渉のため、出光佐三の実弟・計助専務、および手島治雄常務の二人が極秘に羽田空港を飛び立った。現地におけるモサデク首相、対外石油販売委員会幹部のハシビイとの交渉は、当初金額面で折り合わなかった。

討議は連日に及び、交渉の進展と共に、ハシビイの出光興産に対する理解もようやく深まってきた。彼がことに関心を寄せたのは、出光の独特な販売組織、消費者に直結した「大地域小売業」のことだった。「イランの石油が大地域小売業の組織を通じて日本のみならず、広く極東の市場に流れ込むようになるならば、その時こそ、イラン民族が真の独立を達成する時である」——彼はさらに出光が国際石油資本の支配から完全に独立した会社であることを理解し、それに挑戦しながら着々と実績を挙げつつある事実を高く評価した。まさに、出光とイランは同じ敵を相手にしているのだった。

出光佐三
魂の言葉
72

日章丸をアバダンに向けて出す！

イラン政府と出光の交渉の中には、タンカーの提供という事項が含まれていた。イランが現在最も必要としているのは、自前のタンカーだが、英国の差金《さしがね》でどうしても入手できないでいた。出光は、飯野海運が持つ日南丸に眼をつけた。内々にイラン向けに売船または用船の内諾を取りつけていた。

ところが出光代表二名が再び交渉のためにイランに赴き、協定成立を急ぐなか、思いもかけない問題が起きた。「日南丸はイランに回せぬ」——船主の飯野海運がそう通告してきたのだ。出光がイラン石油の買い付けに乗り出したことを、英国側が嗅ぎつければ、それを黙視してはいまい。外交ルートを通じ、あるいはタンカー拿捕といった強硬手段を行使して、直接間接に圧力を加えてくるであろう。実例はすでにある。

残るは出光の〝尊い武器〟、日章丸しかない。出光佐三は、「六カ月はなんとか持ちます」という報告を聞き、折柄、日本への帰港の途上にある日章丸を回航する大決心をなした。

機はもう充分に熟している。

イラン政府と出光の契約は無事に成立した。あとは日章丸である。日章丸はまだ太平洋上にある。出光佐三は、英米会社に先手を打たれて、日本が手遅れとなりはしないか、と昼夜を分かたず焦燥の時を送った。

待望の日章丸の帰国を確認すると、佐三は外務省を訪れ、黄田多喜夫経済局長に面会を求めた。

「もし、この計画が将来、日本のために支障があるとお考えになるならば、私はいさぎよく、いまでもこれを中止する覚悟です」「日本のために支障があるとは思いません。ただ外務省としては、対英外交上、事前に承認をすることはできますまい」

——事前に承認することができないということは、裏を返せば、事が決行された後ならば、外務省としてはなんらか対処の仕方もあるということである。佐三は言外に、その意味を読み取った。昭和二十八（1953）年三月十八日の朝、日章丸は錨を上げて神戸港に向かった。残りの積荷をそこで陸揚げし、イランへ向け出航するためである。佐三が東京を発って京都に向かったのは、それから間もなかった。

日章丸は次第に小さく水平線に消えた。

日章丸がイランへ向け神戸港から出船する前日、出光佐三は京都に赴いた。石清水八幡宮で心身を浄めて社頭に祈願をこめ、神職の手から白羽の矢を受け取った。その足で龍安寺に向かった。きわめて簡素な石だけの庭を見て、先賢の偉さに見入り、佐三は心を打たれた。

翌日神戸港で日章丸の出港を見送った。白羽の矢を手に船に上がり、奉祀してある宗像神社に矢を捧げ、船長とともに一路平安を祈願した。とくに、乗組員の安泰無事帰還を心をこめてお願いした。血涙を押しこらえている佐三は、自分が船に乗ってゆけば、と思った。

乗組員はアラビアへの単なる船出として見送りの妻子と笑い興じている。船長と機関長の二人だけが、イランへの決死の船出であることを知っている。佐三は密封した袋を船長に渡した。そして船がアラビアを過ぎてイランに向かったら、この袋を開いてガリ版の刷り物を船員へ配布してもらいたいと告げた。歓喜の声はあがり、テープは五色にひかれた。佐三はただ船の行方を見守った。

出光佐三
魂の言葉
75

アバダンへ行け――
今や日章丸は最も意義ある
第三の矢として弦を離れたのである。

日章丸の船長は老練な新田辰男である。彼はこの航海の重大な責務を託すに足る人物であった。近く還暦を迎える年齢だが、海一筋に生きてきた、文字どおり海の男である。彼の豊かな経験に支えられた航海術、果敢にして的確な判断力、不屈の意思、それらの資質と人格とは乗組員に全幅の信頼を抱かせずにはおかなかった。日章丸が、イラン石油の積み取りを無事達成し得るかどうかは、すべて彼の双肩にかかっている。

昭和二十八（1953）年四月三日正午、出光本社から日章丸宛、無電が入った。「アバダンに行け」――新田船長は「来たな」と言って、大きくうなずいた。すぐ乗組員の集合を命じた。「いま本社より指令を受け、本船はこれよりイランのアバダン港に向かう。本船はそこで石油を積荷する」――瞬間、乗組員の顔が引き締まった。船長は次いで出光佐三から手渡されていたガリ版刷りの用紙を全員に配布した。新田船長がこの「檄文《げきぶん》」を読み上げると、誰の口からともなく「日章丸万歳！」「出光興産万歳！　日本万歳！」の声が上がった。

私は一出光のために、
日章丸と五十余名の
生命を危険にさらすことはできん。

昭和二十八（1953）年四月十日、ついに日章丸はイラン・アバダン港に入港した。乗組員たちは、改めて世界最大のアバダン製油所の威容に目を瞠《みは》った。桟橋付近には粗末な軍服を着た兵士たちがたむろしていた。イラン政府の命令で、日章丸とその乗組員とが危害を加えられぬように警備にあたっていたのである。突然の巨大なタンカーの出現に、周辺のイラン民衆が埠頭に押しかけ、たちまち黒山を築いた。彼らの待ちこがれていたタンカーがやって来たのだ。

間もなく出光本社に、日章丸の無事到着を知らせる電報が入った。出光佐三は早速、外務省におもむき、イラン石油買い付けの事実について報告した。報道陣は色めき立った。「昭和の紀文（紀伊國屋文左衛門）の感想は……」——この質問を佐三は一蹴した。「見当外れもはなはだしい。おそらく褒めたつもりで言ったんだろうが、私は迷惑千万である。ようやくイランの石油が国際石油カルテルの手から離れ、日本はこれで豊かな産油国と結びつく道が開けた。そこへ出光が出て行ったというわけである」

イラン石油輸入は突飛な
離れ業ではない。

出光のイラン石油買い付け決行は、たちまちマスコミの波に乗り、衝撃的な国際事件として大きな波紋を投じた。

事実は一石油販売業者がイラン側との契約によって石油の買い付けを実行したというだけのことであったが、それはしかし、当時の国際情勢と複雑にからみ合い、また独立後間もない日本の政治、経済、外交上の諸問題をはらんで、広く世界の注目を浴びた。英国・イランの断交はまだ続いていた。わが国の石油業界、とりわけ外資系石油会社の首脳たちは、驚愕し、かつ狼狽した。政府当局にとっては、いわば独立日本の国際的な試金石となった。

一方現地では、近傍のイラン民衆が埠頭付近に集まり、人垣をつくった。彼らの目に日章丸は、頼もしい救国の使者のように映じていたに違いない。迎賓館では日章丸乗組員の歓迎会が盛大に開かれた。新田辰男船長が挨拶に立つと、期せずして歓声が挙がり、拍手の嵐が起こった。

国際法上も商道徳上も、
問題はもはやなにもない。
どこに憶すべきことがあるか。

アバダンの桟橋を離れた日章丸は、英国政府に見つからないよう、他船との交信をいっさい止めさせ、本船の行動、行き先を隠蔽《いんぺい》して速力をいっぱいに上げた。他船との遭遇を極力避けるため、インド南方に針路を定め、ひた走りに走った。南シナ海を出たところで、ようやく本社との交信を始めた。

日章丸が日本に近づくにつれて、報道陣の動きが慌ただしくなった。各社の論調は、概して出光のとった行動を国際石油資本の「独占的支配への抵抗」としてとらえ、その合法性を認めながらも、それによって日本が国際紛争に巻き込まれることを懸念して日英間に穏便《おんびん》な妥協が成立することを求めていた。

英国政府はすでに外交ルートを通じて日本政府に厳重抗議し、アングロ・イラニアン石油会社（ＡＩ会社）は訴訟代理人を日本に送り込んで訴訟の構えを見せていた。出光佐三はむろん、そのような英国側の対応を充分考慮に入れ、万全の対策を立てていた。

イランの石油買い付けは、
国際的にも国内的にも公正な取引であり、
英国政府の干渉する筋合ではない。

アングロ・イラニアン石油会社は、昭和二十八（1953）年五月六日、東京地裁に日章丸の積荷に対する「処分禁止の仮処分申請」を差し出した。積荷を陸揚げしてしまえば、たとえ仮処分命令が出ても、対処の仕方はある。陸揚げ中に仮処分命令が出ると、日章丸は積荷もろとも釘づけになってしまう。ギリギリの攻防だ。出光佐三は報道陣に対し、日章丸は五月八日、徳山に入港すると返答し、徳山油槽所に受け入れ準備を急ぐように指令した。一方で実際には五月九日正午に川崎港に入るよう日章丸に指示した。敵の眼を欺くためには、まず味方を欺かなければならなかった。

東京地裁は日章丸が川崎に入港する予定の九日に、ＡＩ会社提訴の「仮処分申請」に関する口頭弁論を開くことを決定した。この日は土曜日であり、当日中に仮処分命令が出ることはない。月曜日に仮処分命令が出たとしても、油槽所の機能をフルに回転させれば、それまでに積荷の陸揚げは完了し、日章丸は航行が自由になる。すべては佐三の作戦通りに進んでいた。

日本国民の一人として
俯仰《ふぎょう》天地に愧《は》じない行動をもって
終始することを、
裁判長にお誓いいたします。

「英国のアングロ・イラニアン石油会社（ＡＩ会社）が勝訴するか、日本の出光興産が自社の主張を貫き通して国際石油資本の厚い壁に風穴を開けることができるか」――日章丸が川崎港に入港した日、東京地裁の法廷は息詰まるような興奮に包まれていた。ＡＩ会社の提訴からわずか三日目、早くも第一回口頭弁論の幕が切って落とされたのである。このいわゆる「日章丸事件」は、単なる会社対会社の訴訟事件という狭い枠を超え、広く国際的事件として世間の耳目を集めた。

両者の主張は真っ向から対立し、激しい論戦となった。「いま日章丸は川崎港に着き、積荷の本件石油を陸揚げしつつある。出光はこの石油をどこまで移動させるか分からないので、そのまま船を差し押さえてほしい」「出光はそういうことは絶対にしない。陸上のタンクに揚げて、判決が出るまでそのままにしておく」「あなたの言葉は信じてもよい。しかし、出光社長はなにをするか信じられない」――この時、裁判長が出光佐三本人から証言をとることを提案した。佐三は一語一語かみしめるように証言した。

出光佐三
魂の言葉
81

歴史的にして
画期的な取引を完遂し、
欣快《きんかい》に堪えず。

昭和二十八（1953）年、初めてイランと日本とが、日章丸によって国際石油資本の包囲網を破り、直接結びついた。出光佐三はイランのモサデク首相宛、電報を送った。モサデク首相は来日中のアブドー国連駐在公使を通じ、以下の返信をした。「イラン国民ならびに小職は、貴社により為されたる努力に深謝す。出光興産の活動は、イラン国石油産業国有化実現の過程において疑いなく歴史的一段階をなすものであり、われわれはこれを決して忘れないだろう」――さらにイラン政府は日章丸のイラン回航の代償として第一船の積荷石油を無償で提供、さらに六カ月間、出光の積荷する石油の代金を国際価格の半額にする、と発表した。出光の示した勇気と実行に対し躊躇なく特恵的処遇をもって応《こた》えたのである。

東京地裁は「日章丸事件」の判決を言い渡した。出光側の勝訴である。それが伝えられると、出光本社、支店、出張所でいっせいに「万歳！」の声が挙がった。佐三が年来抱いてきた夢の実現であった。

出光佐三
魂の言葉
82

日本の青年は
真剣に何ものかをさがしつつある。
そのことを知ったのは、
イラン石油の輸入でつかんだ大儲けである。

出光佐三が遠大な構想を描いて決行し、継続的な発展を期待したイラン石油輸入は、国際石油資本の謀略と強圧により日章丸の第一船以降二カ年もたたぬうちにメリットを失い、間もなく終息《しゅうそく》に向かった。

しかし出光のイラン石油輸入決行は内外にさまざまな波紋を投げかけ、少なからぬ影響を与えた。第一に日本の消費者を大いにうるおした。石油製品価格は値下がりし、ガソリンと重油だけでも約百六十億円の利益を消費者に与えた。出光は販売実績を伸ばし、シェアを拡大した。

さらに、出光全社員の士気を鼓舞し、みんなを一つの目的と使命の達成に向けて結集した。それはまた出光を次の飛躍に導く精神的原動力となった。当時まだ一般国民のなかに色濃く残っていた敗戦コンプレックスを払拭するのに、大いに貢献した。

全国津々浦々から寄せられた激励の声を、佐三は青年の声と感じた。日本人としての血の流れが、青年の純真な血管に流れていることを知りえたことを、佐三は何よりの儲けだと考えた。

第8章 自由

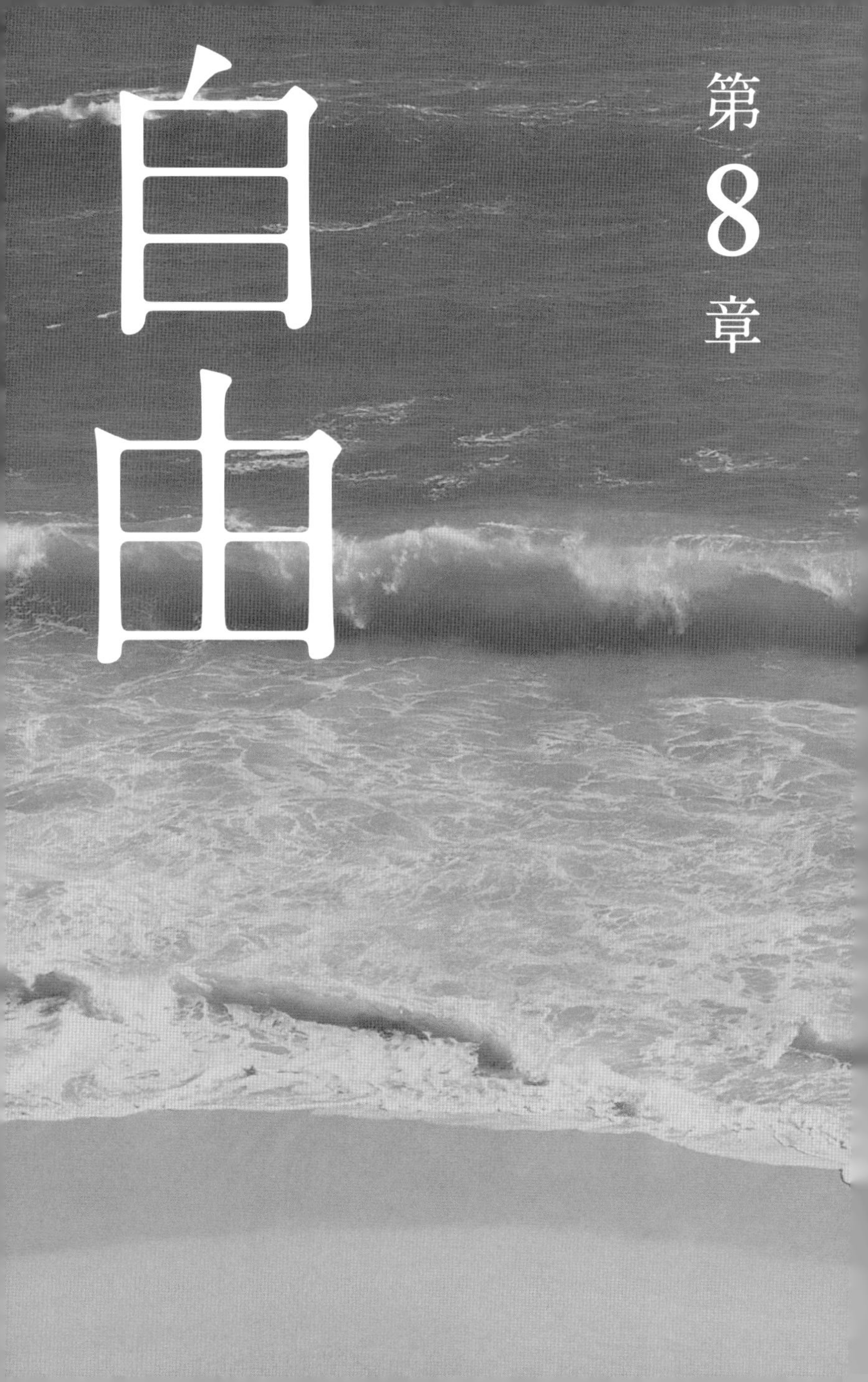

出光佐三
魂の言葉
83

諸君は本末を転倒して
徳山の製油所建設が
事業の目的のように錯覚を
起こしているのではないか。

出光佐三は次なる構想として、近代的な大製油所の建設を考えていた。石油製品の流通部門から精製部門への進出である。

国際石油資本の圧力によって、イラン政府とイラン国有石油会社が出光興産と約束した「競争的価格の維持」という基本原則を破棄し、また製品輸入そのものが困難になりつつあった。製品輸入に代えて原油輸入は増大したが、製油所を持たない出光は、その原油を製油所に委託精製に出すほかなかった。精製会社はほとんど外資の支配下にあり、出光を敵視している相手である。これでは競争に勝てるはずがない。

こうなれば、もう自力で製油所を建設するほかない。それも猶予がなかった。旧海軍燃料廠跡地の奪い合いは熾烈をきわめた。しかしついに、徳山旧海燃川東地区の払い下げが出光に決定した。「もし、諸君が一致団結したならば、徳山の製油所ごときのものは水の低きに流れるように自然とできる。反対に、諸君が一致団結の姿を乱し摩擦を起こすようなことがあれば、建設に二、三年を要するかもしれない」と社員を厳しく戒めた。

私は油を買いに来たのではない。
あなたのほうで
日本に希望することがあったら、
なんでも言ってもらいたい。
私はそれを聞きに来たのだ。

出光佐三の脳裏には、「民族資本・民族経営」の理想的な大製油所の構想が描かれていた。昭和三十（1955）年十月、佐三は渡米し、ガルフ石油本社を訪れた。ガルフ石油はスタンダード・グループに属していない最大の石油会社である。そして大量の石油を埋蔵するクウェート油田にも早くから開発経営に乗り出していた。当時クウェートは、イラン、サウジアラビアを上回る、世界最大の石油供給源になっていた。しかし、過剰なクウェート原油を持て余していた。

佐三はそれらの情報をつかみ、ガルフ石油を通じてクウェート原油を輸入することを考えた。「徳山製油所が完成し操業に入れば、原油の安定した供給源を確保しておく必要がある」——ガルフ石油は佐三らを社用の飛行機で出迎えた。挨拶をすませ、早速商談に入ろうとしたガルフ石油取締役に、佐三がいい放った言葉である。相手は面食らい、眼を丸くした。佐三はのどから手の出るほど石油が欲しくても、決してそのような素振りは見せない。

私に言わせれば、
あなた方の民主主義はニセモノである。

ガルフ社とのパーティーで、出光佐三はスピーチを所望された。「あなた方はアメリカが民主主義の国であると信じておられ、またそれを誇りにしておられる。しかし……」――そこで佐三がこう言ったために、場内はいっせいにざわめいた。理由を問いただされた佐三はこう答えた。「民主主義の基礎は人間が立派であり、お互いに信頼し尊敬し合うところにあると思う。私が貴国にきて驚いたことがある。それはどこの会社の入り口にもタイムレコーダーが備えつけてあり、それに事務所のなかでは机が同じ方向に並べてあることだ。これくらい人間を信頼していない姿はあるまい。一瞬たりとも目の離せないような信頼できぬ人間が、どうして真の民主主義を実行できるのか。私はむしろ、それが不思議でならん」――誰も反論できなかった。

四十五年前の創業当初から出勤簿や馘首、定年制、労働組合等のないことについてじゅんじゅんとのべた佐三に、参会者たちはいっせいに拍手をし、代わる代わる握手を求めた。

出光佐三
魂の言葉
86

日本の政府当局も国民も、
アメリカの外資というものは
日本人を搾取するものだ、
というふうに受け取っておる。

出光佐三はシカゴでの石油精製技術の開発専門会社・ＵＯＰ（Universal Oil Products Co.）との製油所設計に関する細かい折衝を社員に任せ、ニューヨークに飛んだ。スタンダード、カルテックス等大石油会社の本社を訪れ、各社の幹部と会って意見を交換するためだった。「あなた方の戦後日本に対する態度は、実に遺憾にたえない。あなた方は外資導入という名のもとに日本の会社を支配し、日本の国民を搾取してきた」――佐三は日本人が外資に対して悪いイメージを持っていることを伝えた。

「これはあなた方の石油会社にとって損失であるのみでなく、アメリカ国民にとっても非常に大きな損失であり迷惑であろう。今後われわれと取引を望むならば、あなた方は市場の支配とか搾取という考え方を捨てて、世界の産業に貢献する姿を実行によって示してもらいたい」――したたかなオイルマンたちも、佐三の歯に衣着《きぬ》せぬ直言に、むしろ好感を持ったようだった。

徳山製油所は十カ月で完成させよ。

当初、この「十カ月完成」の工期と計画が出光側から提示された時、関係業者たちは誰も、それを本気にしなかった。「こんな乱暴な計画があるもんか。こりゃ狂気の沙汰だ」――しかし出光佐三はこの製油所建設に全力を投入した。

予定の工期がようやく半ばを過ぎるころから、請負業者や工事人の間に、ある異変が起こった。「十カ月完成」に対する不信の色が消え、彼ら自身がそれを目標にして建設工事に挑み始めたのだ。現場には和気あいあいとした雰囲気が生まれ、それぞれの立場や利害を離れて同じ一つの目標を達成しようとする熱気と協力の姿が現れた。

UOPから派遣されていたO・A・ポッター技師は、これを世界的驚異と表現した。「独創的な夢（ビジョン）、その夢を現実に移すこと、現にあるものを利用し、それを自分の意志するように実現する能力。それこそが偉大な事業家の特徴です。あなたがこの能力を驚くほど多く備えられていることは疑いありません」――ポッター技師は帰国後、佐三にこんな手紙を書いた。

この徳山製油所を通じて、
外国人は日本および
日本人の真の姿を見つつある。

徳山製油所の、古式にのっとって進められた火入式には、出光佐三以下関係者が約二百名、来賓として徳山市長、現地建設業者、UOP派遣の技師とその夫人らが参列した。佐三は米人の技師や夫人たちがこの神事に参列して戸惑い、もしかして笑い声でも洩らすのではないかと心配したが、取り越し苦労にすぎなかった。彼らは口々に「ワンダフル！」を連発し、「徳山製油所の建設を十カ月でなしとげた日本人の力は、あの神の祭りに発している」と感嘆の声を挙げた。その様子は米本国にも伝えられ、「最新の装置に最古の祭り」と見出しをつけて写真入りで報道された。

二カ月後に行われた竣工式には、わざわざ米国から大勢の石油・金融関係の重役たちが出席を希望した。彼らはビジネスで祝辞を述べに来たのでも、最新の製油所を見学するために来たのでもなかった。「十カ月完成」という事実そのものでさえなかった。その根底にあって、それを可能にした不思議な力、それがどこに根源を持つのか、それこそが彼らの心を惹《ひ》きつけ、はるばる日本へと足を運ばせたのだ。

東西両陣営は
お互いに理解し合うべきだし、
手を結ぶ方法のあることを
日本の市場を通じて示すことが、
私の取引の真の目的である。

昭和三十五（１９６０）年、出光興産はさらにソ連からの原油輸入に着手した。ソ連は経済新七カ年計画を進め、第二バグー油田の開発によって原油生産量を倍増させていた。

外資系グループは、俄然、色をなして反対の声を挙げた。「貿易の自由化よりソ連原油の輸入のほうが重大問題である」「ソ連原油の輸入価格は、政治価格だ。赤い石油のダンピングだ」——出光はそれらの非難攻撃を児戯に類する仕業として黙殺し、契約どおりソ連原油の輸入を実行した。

翌年、ソ連第一副首相のミコヤンが来日し、ソ連大使館に出光佐三を招いた。「あなたは米英の大石油会社を向こうに回し、彼らを押さえつけた勇者である」——佐三は彼の言葉をさえぎった。「それは違う。私は米英の大石油会社をやっつける考えなんか毛頭ない。彼らの功績に対しては多年、敬意を払ってきたし、それはいまも変わらん。ただ、こちらが隙を与えると市場を独占し、消費者国民を搾取する。だから彼らに隙を与えぬよう努力してきたにすぎん」——これにはミコヤンも返す言葉がなかった。

諸君は全員立派な最期を遂げ、
この厳粛なる事実をもって
われわれ出光人を尊い悟りの道へ
導かんとしているのではありませぬか。

昭和三十七（1962）年十一月十八日、出光興産の子会社・宗像海運所属のタンカー第一宗像丸が、ノルウェーのタンカー、タラルド・ブロビブ号と衝突、間もなく火災を起こして第一宗像丸の乗組員三十六名全員が殉職した。これは「世界の海難史上類例のない壮烈、悲惨な事故」と言われた。船長以下、第一宗像丸の全乗組員は一人残らず、いよいよ火柱を見るまで人事の限りを尽くし、それぞれの持ち場で災害の防止に挺身していた。

誰よりも強い衝撃を受けたのは、出光佐三である。彼には親会社、子会社の区別もない。社員の一人一人を自分の分身と見る彼は、この悲痛な出来事に腸のちぎれる思いがした。「なんとかして一人でも二人でも、助かってほしい」――その願いも空しく、三十六体の白い柩《ひつぎ》を眼にした時、彼はそれにすがって慟哭《どうこく》した。創業以来、幾多の社員を失ってきた彼ではあったが、この時ほど悲痛、悲惨のどん底に突き落とされたことはなかった。

日本人の経営するドックで、
日本の材料で、
日本人の技術で、
外国のにおいのしない船を造りたい。

出光佐三はかねてから石油の安定供給のためには石油会社自身がタンカーを保有すべきであるという信念を持っていた。昭和二十六（1951）年、その信念を実行に移し、日章丸二世号を建造していた。この日章丸が米国からの高オクタン価ガソリンの初輸入やイラン石油の買い付けに獅子奮迅《ししふんじん》の活躍をし、国際石油資本の包囲網をかいくぐって出光興産の苦境に活路を開く、〝尊い武器〟となった。

その後、佐三の意志はさらに大きな、より経済性の高いタンカーを求めた。スエズ動乱がその実現を促進した。タンカー運賃が暴騰し、石油の供給が不安にさらされたのである。佐三は当時の造船界の平均を超えたマンモスタンカーを、佐世保重工業に発注した。

日章丸三世は、もう海に浮かぶ城である。かの戦艦大和、武蔵の二倍以上あった。甲板の広さは旧後楽園球場とほぼ等しく、全長は百九十一メートルもあった。操船は極度に自動化され、これほどの巨船を動かすのに乗組員は船長以下わずか四十八名で足りた。

当社が石油連盟を脱退したのは、
単純な不満からではない。
その根本はもっと深いところにある。

出光興産の不羈《ふき》な活動と躍進をさえぎるように、ふたたび前面に障壁が立てられた。石油業法の制定である。これは石油精製業等の事業活動を調整するものだった。業界団体の石油連盟（石連）がみずから生産調整に乗り出した。しかしその不合理は、たちまち現実となった。需給が混乱し逼迫したのだ。

出光佐三は終始、反対の態度をとりつづけていたが、消費者国民の利益を犠牲にし、業者の利益に奉仕する石油業法に、ついに反旗を翻した。石連に脱退届を出したのである。この不敵な決断と行動は、〝一匹狼〟の異名と共に、新聞、ラジオ、テレビを通じて広く人々に強烈な印象を与えた。一私企業が同業者仲間と意見が合わず、グループを飛び出してしまったというだけの問題であったら、べつだんそれほど世間の注目を浴びることもなかったであろう。それが広く人々の関心を集め、国会にまで議論を巻き起こしたのは、脱退の根本に、政府当局のエネルギー政策を厳しく批判し、その変更を迫るものがあったからである。

あなたは子供にものを言うような
分かりきったことを、
私に言うんですか。

「石油業界に対する政府の干渉はあまりにも強すぎる。企業の自主的な判断に任せておけば、おのずから好ましい業界秩序ができるはずなのに、消費者の立場を無視した供給制限をやらせているのは間違いだ」――出光佐三の信念をもった行動に、通産省も石油審議会も対策に苦慮した。

福田一通商産業大臣が佐三に面会を求めた。「出光さん、あなたね、人といっしょに仕事している時に自分だけ勝手なことを言っちゃいけませんよ」――たしなめるような言い方にむっとして答えた佐三の言葉である。佐三は、わが国の石油業界の実情と国際石油資本の恐るべき力についてじゅんじゅんと説いた。「石油業法によれば勧告することもできるんですから、出光に勧告したらどうですか。そうすれば私が議会に出て、石油連盟が誰の利益のために生産調整をやっておるか、出光がなぜそれに反対しておるか、国民のまえに黒白を明らかにしましょう」――福田は何の反論もできなかった。

石油業法の運用に当たっては、
とくに消費者保護の観点を
重視すべきである。

政府当局および石油連盟による石油の生産調整は続いた。市場の自由化を一貫して主張する出光佐三は、自由化への戦いを余儀なくされた。石油市況は低迷し、混乱し続けた。さらに乱売競争は激化し、市況をいっそう悪化させた。見え透いた道理である。根本原因である生産調整を続行しているかぎり、この状況は変わらない。それにもかかわらず、政府当局は生産調整の撤廃、自由化になかなか踏み切れなかった。

昭和四十（１９６５）年に起きた、史上空前と言われる大規模な海員ストを機に、佐三はフル生産に踏み切った。海員ストによる石油製品の供給不足を補うため、消費者本位の立場から緊急非常措置を講じたのである。

石油連盟はこの出光独走に対して、いっせいに非難を浴びせた。一方、消費者団体はそれを勇気ある英断として、拍手と声援を送った。出光はそのような毀誉褒貶《きよほうへん》の嵐のなかで、敢然とフル生産を続行した。

第9章

曙光

どうか皆さん、
この出戻りの店主を
いじめないように可愛がってください。

昭和四十一（1966）年、ついに三木武夫通産相が生産調整の廃止を決断した。出光佐三はこれでやっと長い夜の帳《とばり》があがったような晴れ晴れした気分になった。同年十月一日、出光が石油連盟に復帰したのを機に、佐三は社長の座を実弟の計助に譲り、みずからは会長に就任した。時に数え年八十二歳。創業五十五周年記念祝賀会が催された時、挨拶のなかで語った言葉である。彼はしかし、それで経営の第一線から引退したのではなかった。自由化の時代を迎えて、内外の厳しい状況はまだ彼の引退を許さなかった。

その年の暮れ、かねて石川島播磨重工業で建設中の史上最大の超マンモスタンカー・出光丸が完成した。竣工披露に佐三は、全国約四千の中学校から代表の生徒総数約一万五千名を招待した。それは「明日の日本を背負う少年少女たちに、日本人が、日本の技術で、力を合わせてつくりあげた世界一の実物を見てもらい、日本人としての誇りと自信を持ち、未来に対して大きな夢を抱いてもらいたい」という佐三の遠大な願望を込めた企画であった。

出光佐三
魂の言葉
96

私は出光にガンの素地ができつつあると思う。

出光佐三は老いても常に勉強を欠かさなかった。気鋭の学者や第一線のジャーナリストたちを集めて勉強会を開いた。数えの八十一歳のときから、マルクスの思想・理念の学習に挑戦し、『マルクスが日本に生まれていたら』という著作もしたためた。

一方、急速な経営の発展、規模の拡大と共に、社内にも創業精神、経営理念の不浸透層が形成されようとしているのを見逃さなかった。若い世代は出光経営の根本も「精神的約款」も、まったく分かっていない。放っておけば、出光存立の基盤を危うくするであろう。そんな思いが、「店主室教育」を発足させた。佐三みずからによる若い社員向けの勉強会である。「こういうことをいうと、君らはガンじゃありませんよというけれども、それがガンなのだ。そのガンの一番ひどいのが、きょう集まっている君らだ」――並みいる若い社員たちはいきなり脳天に一撃を受け、いまだ衰えを知らぬ八十六歳の気迫に呑まれた。

創作は進歩建設の母である。
創作を忘れたる民族は滅びる。
われわれは一生、
創作に邁進せねばならぬ。

昭和四十六（1971）年、出光は創業六十年を迎えようとしていた。いま出光佐三の眼前には、人間尊重の理念を基盤とした堅固な城砦《じょうさい》が、光芒《こうぼう》を放って聳え立っている。それはまた彼の信念と個性を刻みつけた壮大な作品であった。

煙と油に薄汚れた従来の工場のイメージを一変し、科学と生産と美学を一つに統合した超モダンな大製油所が、千葉、兵庫、徳山の三地点にバランスよく配置されている。輸送部門は十万トン級、二十万トン級の超マンモスタンカーを擁し、大船団として七つの海を駆けめぐり、豊富な産油国と石油の大消費国日本を結んでいる。販売部門は東京本社を中心に全国に網の目のように張り巡らされ、「消費者本位」の独自な「大地域小売業」体制を展開している。

佐三は米寿を迎えて古武士のような風格をただよわせている。遠い労苦の日々を回想する彼の表情には、静かな満足感が浮かんでいた。

苦労してきた人は
困った時にあわてません。
苦労せずにカネを儲けてきたような
人はあわてますよ。

一九七三（昭和四十八）年、宗教的政治的対立をつづけていたアラブとイスラエルが、ふたたび戦端を開いた。第四次中東戦争の勃発である。それに伴う石油ショックが日本を襲った。前年に成立した田中角栄内閣の「日本列島改造論」や超大型予算にあおられて、すでにインフレの嵐が吹き始めていた。これに石油ショックが加わり、パニックが起こった。人々は慌ててトイレットペーパーや洗剤の買いだめに商店やスーパーに殺到した。

その当時、東京新聞に語った出光佐三の言葉である。「考えようによっては、今度の石油危機は、国民にとって天の下された試練といえるんじゃあないですか。国民は享楽になれ切って、節約を忘れてしまった。そこで天がモノを大事にせよと反省の機会を与えられたと受けとったらどうです。石油がこなけりゃ自動車なんか乗らなきゃいいじゃないですか。暖房がダメなら、外とう着て仕事しておりゃいい」

――心境はすでに禅僧のそれであった。

出光佐三
魂の言葉
99

出光では、
社員をやめさせない。
定年制もありません。
権限の規定もなければ、
罰則もありません。

昭和四十九（1974）年四月、東京・上野の国立美術館で『モナ・リザ展』が開催された。ひと眼見ようと全国から百五十万人の人々が押しかけ、館内は通勤ラッシュなみの混雑を呈した。

この展覧会のためにフランス政府特派大使として来日していたのが、「今世紀の世界の偉人の一人」と言われた大作家、アンドレ・マルローである。出光佐三との会見中、終始一貫して質問者はマルローのみ、答えるのは佐三のみだったという。その際に発した言葉である。

マルローがなくなって二年後、『特別展アンドレ・マルローと永遠の日本像――東西文明の邂逅』が出光美術館で開催された。佐三とマルローのただ一度の出会いがもたらした展観である。だが展覧会会場に佐三の姿はなかった。軽い風邪から体調を崩し、軽井沢に静養していたのである。

鶏鳴とともに
東海の空に
曙光がさしはじめている。

昭和五十六（1981）年一月、出光佐三は恒例により社内誌『月刊出光』に「年頭の辞」を寄せた。「今年は酉《とり》の年である。仙厓さんのカレンダーも酉の年にちなんで鶏が声高らかに鳴いている。仙厓さんは大声で『はよふ　おきんかあ、』と怒鳴っておられる。この一喝は強烈だ。肝にずんと響く。思わずパッと目が覚める思いがする。出光は本年創業七十周年のめでたい年を迎えた。尊い意義のある七十年であった。今後この基礎の上に立って、国家、社会、更に世界に向かって『はよふ　おきんかあ、』と、尊い示唆を与えうるよう一層の努力を積み重ねて行かねばならない」――これが最後の「年頭の辞」になろうとは、だれも思わなかった。おそらく彼自身も――。

同年三月七日午前十一時二十五分、佐三は波乱に満ちた信念の長い生涯を閉じた。病名は急性心不全であった。享年九十七歳。

「かえりみて、この人間尊重七十年の道は正しい日本人の大道であった。今後も永久に間違いない。鶏鳴とともに東海の空に曙光がさしはじめている」――最後の「年頭の辞」は、こう締めくくられていた。

出光佐三略年表

年次	事項
明治十八年（一八八五）	福岡県宗像郡赤間村（現、宗像市赤間）に生まれる（八月）
二十四年（一八九一）	赤間小学校入学（四月）
二十七年（一八九四）	日清戦争勃発（八月）
二十八年（一八九五）	東郷高等小学校入学（四月）
三十四年（一九〇四）	日露戦争勃発（二月）
三十八年（一九〇五）	神戸高等商業学校（現、神戸大学）入学（四月）
四十二年（一九〇九）	酒井商店入店（四月）
四十四年（一九一一）	門司市（現、北九州市門司区）に出光商会を創立（六月）
	筑豊鉱業・北九州工業地帯に機械油の販売開始
大正二年（一九一三）	下関進出、漁船用燃料油の販売に着手
三年（一九一四）	南満州鉄道株式会社（満鉄）に機械油納入開始
	第一次世界大戦勃発（七月）
大正五年（一九一六）	大連支店開設、南満一帯に販路開拓
八年（一九一九）	満鉄向け二号冬候油の研究完成（一月）
	華北・山東省に進出
九年（一九二〇）	朝鮮進出、全鮮に販路開拓
	腸チフスにかかり入院（十二月）、翌年二月退院
十年（一九二一）	創業十周年（佐三、三十七歳）、経営の基礎を固める
十一年（一九二二）	台湾進出
十二年（一九二三）	計量器付き配給船を考案建造、画期的な中味給油開始
	関東大震災（九月）
十三年（一九二四）	第一銀行から貸付金の取り立てにあう、二十三銀行の積極的援助で切り抜ける

昭和二年（一九二七）	主取引銀行の合併、大連支店の蹉跌等により経営苦境に陥る 金融恐慌起こる（三月）
四年（一九二九）	朝鮮石油関税改正運動奏功、日本油進出の契機となる 世界恐慌起こる（十月）
六年（一九三一）	創業二十周年（佐三、四十七歳） 中京地区進出 満州事変勃発（九月）
七年（一九三二）	上海事変勃発（一月） 満州国成立（三月） 門司商工会議所会頭に就任（十一月）
八年（一九三三）	満州奥地に販路拡大 日本、国際連盟脱退（三月）
九年（一九三四）	石油業法公布（三月） 満州国初代駐門司名誉領事に任命される（十二月）、満州国存続期間中在任
十年（一九三五）	華中進出、上海に初めて大量の日本油揚陸敢行、販路開拓 満州国、石油専売制実施（四月）
十一年（一九三六）	華北・華南進出 二・二六事件起こる（二月）

昭和十二年（一九三七）	貴族院議員に選任される（二月）、二十二年三月まで在任 日華事変勃発（七月）
十三年（一九三八）	国家総動員法公布（四月） 店舗網は中国全域、蒙疆《もうきょう》に拡大 日章丸一世（一万四千トン）就航（十二月）
十四年（一九三九）	第二次世界大戦勃発（九月） 満州出光興産株式会社設立（十二月、本社新京）、終戦により消滅 中華出光興産株式会社設立（十二月、本社上海）、終戦により消滅
十五年（一九四〇）	出光興産株式会社設立（三月、本社東京） 上海油槽所完成（三月） 米国より石油直輸入開始 勲四等瑞宝章を受ける（四月）
十六年（一九四一）	創業三十周年（佐三、五十七歳） 太平洋戦争勃発（十二月）
十七年（一九四二）	南方陸軍占領地区に民需用石油配給要員を派遣（八月） 中国における石油国策会社設立計画に対し猛反対運動 宗像神社復興期成会結成、同会長就任（十一月）

昭和十八年（一九四三）	石油専売法公布（三月） イタリア無条件降伏（九月） 南方海軍占領地区に民需用石油配給要員を派遣（十一月）
十九年（一九四四）	父、藤六死去（十一月）享年九十一歳
二十年（一九四五）	母、千代死去（三月）享年九十一歳 ポツダム宣言受諾、終戦（八月） 海外全店閉鎖、引き揚げ開始（八月） 詔書奉読式で「玉音を拝して」を訓示（八月） 石油配給統制会社（石統）に石油類取り扱いを依頼したが拒絶される
二十一年（一九四六）	タンク底油集積その他の諸事業（農業、水産業、ラジオ修理販売、印刷、発酵）を開始、二十六年までに全部廃止 石油政策について政府当局に建言（九月）
二十二年（一九四七）	公職追放の指定を受ける（二月）、二十六年八月解除 新憲法施行（五月） 石油配給公団発足（六月） 全国二十九店、石油配給公団販売店に指定され石油業界に復帰（十月） 出光商会・出光興産合併（十一月）

二十三年（一九四八）	集中排除法の該当指定を受ける（二月）、六月に解除 カルテックス、その他の外油社との販売交渉不調に終わる
二十四年（一九四九）	石油元売会社の指定を受ける（三月） 石油元売会社制発足、十社指定（三月） 中華人民共和国成立（十月）
二十五年（一九五〇）	太平洋岸精油所の創業再開（一月） 朝鮮戦争勃発（六月） GHQ、民貿による原油、潤滑油の輸入許可（十月）
二十六年（一九五一）	創業四十周年（佐三、六十七歳） 民貿による軽油・重油の輸入開始（五月） 『消費者本位の石油政策』を書き、政府当局に建言（六月） 日章丸二世（一万九千トン）進水（九月） サンフランシスコ講和条約調印（九月）
二十七年（一九五二）	米国より高オクタン価ガソリンの初輸入
二十八年（一九五三）	イラン石油輸入（五月）、アングロ・イラニアン会社が提訴したが出光側が勝訴
三十年（一九五五）	徳山旧海軍燃料廠跡地、出光に払い下げ決定（八月） 初めて渡米（十月）

三十一年（一九五六）	石油連盟設立（十月） ガルフ石油会社と長期原油輸入・大型タンナー用船契約締結（八月） スエズ戦争勃発（十月） 日ソ共同宣言調印（十月）
三十二年（一九五七）	日本、国際連合に正式加盟（十二月） 徳山製油所竣工（三月）
三十三年（一九五八）	徳山にシーバース完成（一月） 門司市名誉市民となる（三月）
三十四年（一九五九）	日ソ貿易協定成立（十二月） ソ連石油公団と六カ月八百二十万トンの原油輸入契約締結（三月） 石油輸出国機構（ＯＰＥＣ）成立（九月）
三十六年（一九六一）	創業五十周年（佐三、七十七歳） ミコヤン・ソ連副首相と会談（八月）
三十七年（一九六二）	創業の恩人・日田重太郎死去（二月）、享年八十七歳 世界最大のタンカー日章丸三世（十三万二千トン）進水（七月） 石油業法施行（七月） 出光タンカー株式会社設立（八月） 第一宗像丸遭難、全乗組員三十六名殉職（十一月）
三十八年（一九六三）	千葉製油所完成（一月） 天皇・皇后両陛下、徳山製油所ご視察（十月） 石油連盟の生産調整実施に反対し、連盟脱退（十一月）
三十九年（一九六四）	出光石油化学株式会社設立（九月） 東京オリンピック開催（十月）
四十年（一九六五）	千葉製油所内に世界最大のＬＰＧタンク四基完成（九月） 海員スト発生によりフル生産開始（十一月）
四十一年（一九六六）	生産調整の撤廃により石油連盟に復帰（十月） 佐三社長は会長に、出光計助副社長は社長にそれぞれ就任（十月） 出光美術館開館（十月） 世界最大の超マンモスタンカー出光丸（二十万九千トン）竣工（十二月）
四十二年（一九六七）	千葉製油所に世界初の重油直接脱硫装置竣工（十月）
四十四年（一九六九）	松寿丸（二十万七千トン）竣工（一月） アラスカ進出、米インデアナ社と提携（七月）
四十五年（一九七〇）	沖ノ嶋丸（二十五万五千トン）竣工（八月） 兵庫製油所完成（十月）

四十六年（一九七一）	創業六十周年（佐三、八十七歳） 出光日本海石油開発株式会社設立（一月）、五十一年に出光石油開発に商号変更 大嶋丸（二十二万二千トン）竣工（十二月）
四十七年（一九七二）	佐三会長は店主専任に、計助社長は会長に、石田正實副社長は社長にそれぞれ就任（一月） 出光タイ石油開発株式会社設立（三月） 日中両国、国交回復共同声明に調印（九月） 高宮丸（二十五万四千トン）竣工（十二月）
四十八年（一九七三）	白内障手術のため慶応大学病院に入院（二月）、五月に退院 ソ連チュメニ原油輸入（四月） 中国大慶原油輸入（五月） 北海道製油所完成（九月） 第四次中東戦争勃発（十月） 第一次石油危機起こる（十二月）
四十九年（一九七四）	赤間丸（二十五万七千トン）竣工（二月） 宮田丸（二十五万四千トン）竣工（四月） アンドレ・マルローと会見（五月）
五十年（一九七五）	徳山丸（二十五万七千トン）竣工（二月） 愛知製油所完成（十月）
五十一年（一九七六）	日田丸（二十五万四千トン）竣工（六月） フランス共和国・文化勲章コマンドールを受ける（七月）
五十二年（一九七七）	石田社長は会長に、大和勝副社長は社長にそれぞれ就任（四月）
五十三年（一九七八）	出光美術館で特別展「アンドレ・マルローと永遠の日本展」開催（十一月） 軽い脳血栓にかかる（十二月）、翌年夏ごろには回復
五十四年（一九七九）	イラン革命勃発（二月） 第二次石油危機起こる
五十五年（一九八〇）	出光豪州ウラン株式会社設立（一月） 脳血栓再発、肺炎を併発する（二月）、一年余の療養で回復 イラン・イラク戦争勃発（九月） 出光南米石油開発株式会社設立（十月） LPガス船玄海丸（四万九千トン）就航（十二月）
五十六年（一九八一）	日章丸四世（二十五万七千トン）竣工（二月） 急性心不全のため死去（三月七日）、享年九十七歳

出光佐三
人を動かす100の言葉

2016年12月5日　第1刷発行

発行者　長坂嘉昭
発行所　株式会社プレジデント社
〒102-8641　東京都千代田区平河町2-16-1
http://www.president.co.jp/
電話:編集(03)3237-3732
販売(03)3237-3731
装　幀　仲光寛城
編　集　プレジデント書籍編集部
編集協力　横山愛麿
制　作　小池 哉、田原英明
販　売　桂木栄一、高橋 徹、川井田美景、森田 巌、遠藤真知子、塩島廣貴、末吉秀樹
写　真　共同通信社(P2、出光佐三)

印刷・製本　株式会社ダイヤモンド・グラフィック社
©2016　PRESIDENT Inc.
ISBN 978-4-8334-2210-9
Printed in Japan
落丁・乱丁本はおとりかえいたします。

プレジデント社のロングセラー

『海賊とよばれた男』のモデルとなった出光興産の創業者、出光佐三の生涯。

評伝
出光佐三
士魂商才の軌跡

高倉秀二・著

584ページ　本体：3000円 +税　ISBN 978-4-8334-2074-7